八十年代中国语法研究

（重 排 本）

陆俭明 著

商务印书馆

图书在版编目(CIP)数据

八十年代中国语法研究:重排本/陆俭明著.—北京:
商务印书馆,2004(2022.8重印)
 ISBN 978-7-100-01044-3

Ⅰ.①八… Ⅱ.①陆… Ⅲ.①汉语—语法—现代—研究 Ⅳ.①H146

中国版本图书馆 CIP 数据核字(2004)第 049382 号

权利保留,侵权必究。

BĀSHÍ NIÁNDÀI ZHŌNGGUÓ YǓFǍ YÁNJIŪ
八十年代中国语法研究
（重排本）
陆俭明 著

商 务 印 书 馆 出 版
(北京王府井大街 36 号 邮政编码 100710)
商 务 印 书 馆 发 行
北京虎彩文化传播有限公司印刷
ISBN 978-7-100-01044-3

1993 年 9 月第 1 版　　开本 850×1168　1/32
2004 年 6 月重排本　　印张 4⅛
2022 年 8 月北京第 5 次印刷
定价:27.00 元

目　　录

重印说明 …………………………………………………………… i
2021 年重印说明 ………………………………………………… ii
序（叶蜚声）……………………………………………………… iii

壹　80 年代现代汉语语法研究概貌 …………………………… 1
贰　历史的回顾 …………………………………………………… 5
叁　层次分析的运用 ……………………………………………… 11
肆　变换分析的运用 ……………………………………………… 24
伍　语义特征分析的运用 ………………………………………… 36
陆　语义格和语义指向 …………………………………………… 49
柒　形式和意义的结合 …………………………………………… 61
捌　值得注意的理论和观点 ……………………………………… 73
　　一、词的语法功能是任何语言划分词类的本质依据 ……… 73
　　二、汉语词类与句法成分是一对多对应 …………………… 78
　　三、汉语句子的构造原则同词组的构造原则基本上
　　　　是一致的 ………………………………………………… 80
　　四、汉语语法研究应以词组为本位 ………………………… 82
　　五、在由实词和实词组合的句法结构中总是同时并
　　　　存着两种结构关系：语法结构关系和语义结构
　　　　关系 ……………………………………………………… 88
　　六、关于黏合和组合的观点 ………………………………… 90
　　七、关于指称和陈述的观点 ………………………………… 94

八、关于自指和转指的观点 …………………………………… 98
九、关于歧义指数的理论 ……………………………………… 99
十、关于将横向的汉语方言之间的比较研究、纵向
　　的古今汉语之间的比较研究与对标准语的研究
　　相结合的理论方法 ………………………………………… 105
玖　结尾 …………………………………………………………… 112
参考文献 …………………………………………………………… 122
后记 ………………………………………………………………… 124

重 印 说 明

趁这次重印的机会,订正了原书中一些文字上的错误。内容未加修改。

商务印书馆多次跟我说,希望我能接着写 90 年代的中国语法研究,我自己也有这个意愿,可是这几年来实在太忙,始终没有时间动笔。不过,在这里我可以告诉大家,我正在撰写一部有关现代汉语语法分析理论与方法的书稿,希望明年底能脱稿。我所以要在这里预先透露这个信息,目的是对我起个督促作用——"计划既然公布了,就一定得实现"。

作　者

2003 年 7 月 10 日

2021年重印说明

这本小书只是扼要介绍了上个世纪80年代现代汉语语法研究的概况。所介绍的基本都是结构主义语言学的理论方法,具体内容主要是介绍朱德熙先生的汉语语法研究的理论思想。无论国外、国内,都存在一种片面的认识,认为结构主义语言学已经过时了,因而不再认真阅读和学习。其实这是不对的。结构主义语言学虽然有它局限的一面,但是说实在的,如今对语言(特别是对陌生语言)的分析描写还得靠结构主义语言学为我们所提供的一整套分析描写方法,至今还没见到能超越结构主义语言学的新的分析描写理论与方法。我们认为,学习掌握结构主义语言学的理论方法始终是语言工作者从事语言研究和语言教学所应具备的基本功。我想可能就是这个原因,我这本小书至今仍有不少读者索求,因而商务印书馆还将重印。

在上一次重印时,针对不少读者希望我接着写90年代的中国语法研究,我在《重印说明》里说了这么一句话:"我可以告诉大家,我正在撰写一部有关现代汉语语法分析理论与方法的书稿。"借此机会我告诉大家,那书稿早已于2003年年底由北京大学出版社付梓出版,就是《现代汉语语法研究教程》,至今已出版发行第五版。

作　者

2021年10月30日

序

叶 蜚 声

从国际范围看,八十年代是语言学比较平静的时期,各个分支学科在已经开出的领域里向深度和细度发展,并未出现理论、方法上大的振荡或突破。在中国,八十年代的语言学却是另一派景象。语言学在十年冰封之后转入解冻复苏的春天,长期压抑下积聚的活力一下子迸发出来。语言学界思想活跃,干劲充沛,学会、刊物纷纷建立,研究队伍迅速扩大。对于国外,中国语言学敞开了交流的渠道。图书资料的传播,专家学者的互访,使我们在较短的时间里掌握了西方六十年代以来各种新兴的理论方法和汉语研究的主要成果。在有利的国内外条件下,八十年代是中国语言学欣欣向荣的时期,多方面出现了新的面貌。其中开发得最活跃、进展得最明显的,当推现代汉语的语法研究。

语法自古以来属于"术"(art)的范畴。术讲求精良,精良的程度决定于它在实践中的能耐;对语法来说,就是看它揭示语言规律性的广度和深度。语法作为一种术,没有国界,不能囿于学派的门户,应该博采众长,同时又充分考虑到所分析语言的特点。十年来,我国语法学界对外来的新思路采取不拘一家、为我所用的多元吸收的方针,在研究实践中紧紧抓住形式和意义结合的原则,努力探求汉语中这两个方面的相互印证,作为层层深入的阶梯。我们的吸收是有选择、有创造的借鉴,我们的研究始终紧扣汉语本身的条理。正因为坚持了这两条,前进的每一个步子都是踏在坚实的土地上。和十年前相比,我们今天对汉语语法结构的认识拓宽了,加深了，手头掌握的分析手段增多了，从这段实践总结出来的理论方法上的一般认识不但将烛照未来的探索，也是中国语言学反馈于国际理论的贡献。

十年探索，一鳞一爪的发现都是辛勤挖掘语料的结果。这些发现经过反复的验证综合，串联成片，才形成对汉语结构的新认识。这是一项集体的创造性的工程。本书作者是这项工程的积极参加者，是一位勤于挖掘敏于思考的战士，对集体事业作出不少贡献。这本书是他从理论方法的高度回顾总结十年历程的力作。书中用丰富的材料、明白的说理一步一步论证了中国语法学界在探索攀登中取得的每一项成就。这些成就都是作者非常熟悉的，在教学和科研中反复掂量、咀嚼过的，由他来组织和表述，不但势如破竹，而且准确真切，自然非常合适。我认为，这是一本八十年代中国的语法史，也是了解中国语法研究的现状的可靠读物。

关于九十年代的发展方向，作者主张在现有的基础上沿着原有的发展逻辑继续向前探索。国内也有一些学者提出另一条道路。他们认为，汉语的特点不是主要的，应该更重视汉语跟其他语言的共性，因此主张把当前国外行之有效的理论、方法全面用于汉语的研究，并且作出反馈。这条道路无论国内国外都还没有人在汉语的研究中认真走过。这是和归纳相反的演绎的路子，看来要具备不少前提条件。但是同样值得探索。我们希望九十年代见到这条战线的开辟，并且不断取得成果。有两条战线的同时对进，再过十年，到下世纪初，汉语语法研究的面貌一定会有更大的改变，我们对世界语言学的贡献也就更大了。

1990.2.21 于北大燕南园

壹 80年代现代汉语语法研究概貌

在汉语语法学史上,应该说80年代是获得丰硕成果的年代,不仅出版、发表了大量论著,而且研究的广度和深度都比先前有较大的进展。从这10年中发表的比较有影响的论著来看,现代汉语语法研究的视野大大开阔了,研究的方面宽了。

(一) 口语语法的调查研究

过去讲语法,讨论语法问题,一般以书面语的语言材料为依据。这10年来比较注重对口语语言事实的搜集、发掘和研究,在现代汉语口语语法研究方面取得了可喜的成果。

(二) 动词的研究

大家越来越认识到,句子的核心是动词,句法研究的关键也往往在动词上,因此这10年中大家比较重视对动词的深入研究,并取得了一定的成效。一般都是结合具体句式对动词作细微的分类描写,也有的对某一小类动词作全面的分析描写,也有的是对某一个动词作细致具体的分析描写。

(三) 语法歧义的研究

一种语言系统里的错综复杂和精细微妙之处往往在歧义现象里反映出来,因此分析歧义现象会给我们许多有益的启示,有时甚至会成为解决某些语法问题的突破口。10年来在这方面发表了不少有价值的论著。

（四）虚词研究

我国历来重视对虚词的研究,这10年中虚词研究进一步受到重视,发表、出版了不少好的论著,不仅揭示了虚词使用上的许多新现象,而且在研究方法上也有所突破。

（五）汉语语法特点的探讨

在汉语语法研究中,大家越来越认识到,纵观90多年的语法学史,每一位语法学家的成就,每一个语法论著的价值都跟他们对汉语语法特点的探索相联系着,每一次有关汉语语法问题的大的争论也无不与人们对汉语语法特点的不同认识相关,而每一种有关汉语语法的新观点、新理论也都是为解决与汉语语法特点有关的问题而提出来的,因此要使我们的现代汉语语法研究有新的突破并不断深入,不能不探讨汉语语法特点。这10年中在这方面发表、出版了不少有价值的论著。

（六）汉语句型研究

随着对外汉语教学的加强,随着自然语言理解方面的工作的开展,句型研究在这10年中受到普遍重视。目前主要有两类论著,一类是通论性的,侧重讨论研究句型的意义、方法,划分句型的依据,以及汉语句型的具体分类;另一类是对某种具体句型(如"给"字句、受事主语句、双主语句、存在句等)进行细致的分析描写。

（七）复句研究

在80年代有一些学者对复句作了比较深入的研究,其研究特点是注意从复句和逻辑基础的关系上来考察、分析、研究复句,例如注意根据某复句句式在逻辑基础上的特点来揭示它和有关句式之间的联系与区别,注意根据逻辑基础的不同,揭示关联词语和复句句式的联系,注意用逻辑方法来确定复句句式的归属,等等,从而在复句研究方面收到了很好的研究效果。

(八) 方言语法研究

汉语方言语法的研究虽在60年代就有人提醒人们注意,但由于种种原因,这方面工作实际处于停滞状态。80年代引起重视,加强了这方面的调查研究,并发表了一些重要的论文。方言语法的研究除了它本身的价值之外,对于研究现代标准语语法、历史语法都有重要意义。汉语语法内部的比较研究虽然刚刚开始,但大家认为这里大有用武之地。

(九) 双语语法对比研究

随着对外汉语教学的开展,双语语法对比研究开始引起注意,也发表了一些文章,虽然成果尚不多,但有了个良好的开端。

(十) 句群研究

80年代在我国出现了句群热,发表了大量论著,但研究还是初步的、表面的,真正从语法和语用的角度对句群作全面、深入的研究还很不够。

(十一) 教学语法系统的修订

为适应中学语文教学的需要,1956年制订了《暂拟汉语教学语法系统》(简称《暂拟系统》),作为学校教学语法的依据。这个系统在多年的教学实践中暴露了不少缺点。为了克服这些缺点,并吸取新的研究成果，以改进学校语法教学，1981年7月在哈尔滨召开全国语法和语法教学讨论会，会议拟订了一个《中学教学语法系统提要（试用）》（简称《语法提要》）。这个新的教学语法系统是否能适应中学语文教学的需要，还有待进一步的教学实践来作出回答。

（十二）汉语析句方法大讨论

配合教学语法系统的修订，1981年起开展了汉语析句方法的大讨论。讨论中，有的倾向于维护传统的句子成分分析法；较多的是对句子成分分析法持批判态度，倾向于采用层次分析法；有的主张取二者之长，舍二者之短，将二者结合起来。这次讨论虽未取得一致意见，但对语法研究和语法教学都产生一定的影响，大家认识到，无论在语法研究和语法教学中，问题要想得开一些，路子要宽一些，方法要多一些。

以上扼要介绍了80年代现代汉语语法研究的大概情况。但是，现代汉语语法研究在80年代更可喜的收获，还在于语法研究理论与方法上的推进。这也正是这本小册子所要着重介绍的。

贰 历史的回顾

我们知道,从1898年《马氏文通》诞生到40年代,汉语语法研究基本上是在传统语法学的间架里进行的。传统语法学导源于古代希腊的传统语法的体系。按这套体系,分析语法的标准是意义。用意义来划分实词词类;凭施事、受事来确定主语、宾语;在句法分析方面,采用句子成分分析法,认定句法分析就是分析句子的结构,而作为一个句子必具六大成分——主语、谓语(主要成分),宾语、补足语(次要成分),定语、状语(附带成分);而在确定句子成分时又采用中心词分析法,要求先一举找出句子的两个中心词,分别为句子的主语和谓语,让其他词语分别依附于它们,从而依次找到宾语、补足语、定语、状语。这套语法体系来源于印欧语,可是我们知道,汉语和印欧语在语法上存在着类型学上的区别。印欧语有形态标志和形态变化;汉语则缺乏严格意义的形态变化;印欧语里词类和句法成分基本是一一对应的,汉语里词类与句法成分则不一一对应;印欧语里句子与词组在构造上有严格的区分,汉语里句子与词组在构造上没有严格的区分。上面介绍的那一套语法体系是否适用于印欧语,我们暂且不论;把它搬用到汉语语法上来显然不合适。当然,这种分析方法实质上是运用紧缩原则来确定句子的中心,便于看出句子的主干与枝叶,所以在初级语法教学上有一定用处。但是,它的最大弱点在于严重忽视句法构造的层次性,更严重忽视汉语语法的特点,因此从语法研究的角度说,这套语法体系不能再为我们的汉语语法研究提供任何新的东西。汉语语法要前进，必须抛弃这一体系。

50年代美国描写语言学的理论与方法逐步影响汉语语法研究，出现了一批研究成果。

丁树声等著的《现代汉语语法讲话》[①]便是成功运用美国描写语言学分析原则和方法来描写现代汉语语法的一个代表作。全书基本以结构形式的分析为出发点。它按照分布划分词类，即按词的性质和用法把词分类；明确宣布"语法就是讨论句子的各种格式"，认为"句子的数目是无限的，可是句子的格式是有限的"，并以这个基本思想确立了汉语中五种基本句法结构（主谓结构、补充结构、动宾结构、偏正结构和并列结构）；公开承认运用直接成分分析法。举例来说，区分主宾语不再依据意义，而是依据结构位置。它首先指出主语和宾语不是一个层次上的概念，"主语是对谓语说的，宾语是对动词说的"，"在现代汉语里，主语总是在谓语的前边，宾语总是在动词的后边"，根据这个形式标准，认为"台上坐着主席团"一句中，"台上"是主语，"坐着主席团"是谓语，"主席团"是"坐着"的宾语；而"这件事我知道"这一句中，"这件事"是主语，"我知道"是谓语，整句是个主谓谓语句。这部书给人以一种清新的印象，加之该书选例精当，分析细微，受到国内外好评，曾被誉为中国大陆出版的最好的一本语法书。

继《现代汉语语法讲话》之后，方法上有革新特点的便是陆志韦等人编著的《汉语的构词法》[②]。该书是中国第一部成体系的汉语构词法的专著。要研究汉语的构词法，首先碰到的问题便是如何确定词的界限，尤其是如何划清词和词组的界限。这个问题在汉语里显得特别尖锐，因为汉语里造句的形式和构词的形式基本

---

① 该书曾先以"语法讲话"为题在《中国语文》（1952.7—1953.11）连载，1961年由商务印书馆出版单行本，改名为《现代汉语语法讲话》。

② 陆志韦等《汉语的构词法》，科学出版社，1957年。

上是相同的。为解决这个难题,该书作者提出了以扩展法作为确定汉语词的界限的形式标准,摆脱了传统语法中以"词义""概念""语感""直觉"等不确定的说法为尺度的束缚。扩展就来源于美国描写语言学。我们知道,美国描写语言学的基本方法之一便是直接成分分析法,扩展则是直接成分分析法的一个基本原则,扩展"提供了一种从简单到复杂,从已确立的到还没有确立的,从明显的分析到不明显的分析的方法"①。《汉语的构词法》还根据美国描写语言学关于语素的思想具体论述了汉语中的词儿,这不仅新颖,而且比较符合汉语的实际。该书对汉语构词法的研究作出了很大的贡献。

在单篇论文方面,五六十年代的成功之作该推朱德熙的《现代汉语形容词研究》《说"的"》和《关于动词形容词"名物化"的问题》(与卢甲文、马真合写)②,吕叔湘的《说"自由"和"粘着"》《关于"语言单位的同一性"等等》③,以及范继淹的《动词和趋向性后置成分的结构分析》④等。

朱德熙的《现代汉语形容词研究》运用美国描写语言学有关分布的理论思想,根据形态和句法功能两方面的特点,把形容词细分为性质形容词和状态形容词两类。后来,国内外的一些学者证实,在古汉语里,在现代汉语某些方言里,在汉藏语系某些语言里也存在着性质形容词和状态形容词的对立。由此可见这篇论文理论上的意义。《说"的"》一文把现代汉语里使用频率最高的"的"(包括

---

① R. S. Wells, Immediate Constituents(直接组成成分),*Language*,23,1947。
② 《现代汉语形容词研究》,载《语言研究》1956 年第 1 期;《说"的"》,载《中国语文》1961 年 12 月号;《关于动词形容词"名物化"的问题》,载《北京大学学报・人文科学》1961 年第 4 期。
③ 《说"自由"和"粘着"》,载《中国语文》1962 年 1 月号;《关于"语言单位的同一性"等等》,载《中国语文》1962 年 11 月号。
④ 《动词和趋向性后置成分的结构分析》,载《中国语文》1963 年第 2 期。

处于状语末尾的"地")分析为形式相同（都是[tə°]）的三个语素："的₁"是副词性语法单位的后附成分，"的₂"是形容词性语法单位的后附成分，"的₃"是名词性语法单位的后附成分。该文"分析'的'字的基本方法是比较不带'的'的语法单位——假定为 x——跟加上'的'之后的格式'x 的'在语法功能上的差别，由此分离出'的'的性质来"。"这种分析方法的实质是把两个带'的'的格式语法功能上的异或同归结为后附成分'的'的异或同"。这套分析方法显然是借鉴了美国描写语言学的替换分析法和分布分析法。这篇论文虽只讨论一个'的'字，却涉及语法研究的整个方法论问题，特别是如何确定语法单位的同一性问题。因此这篇文章发表后，立刻引起了整个语言学界的注意，围绕着这篇文章展开了语法研究方法论问题的讨论。《关于动词形容词"名物化"的问题》一文坚持按分布划分词类，在批评"名物化"说法的同时，对传统汉语语法研究中在词类划分问题上反映出来的种种模糊不清的观念进行了透辟的分析。该文被看作是按词的语法功能划分词类的纲领性文献。

吕叔湘的《说"自由"和"粘着"》和《关于"语言单位的同一性"等等》两篇文章对美国描写语言学的一些方法论原则，诸如"自由""粘着""功能""分布""同一性""常体""变体"等概念在汉语语法研究中的运用进行了具体的分析，指出了用在不同结构层面的价值和局限，对汉语语法研究中如何借鉴美国描写语言学派的某些理论、方法等问题提出了许多精辟的见解，影响很大。

范继淹的《动词和趋向性后置成分的结构分析》一文以结构形式为分析的出发点，首先考察了出现在动词后边的"上、下、进、出、回、过、开、起、来、去"等趋向性后置成分跟动词、宾语成分以及"了""得""不"组合的各种不同排列情况，分析得出了三个公式十二个分式，然后用层次分析求出这些组合的内部结构关系，在分析中提出"并列扩展"为划分层次的标准,详尽地分析了那三个公式十二个分式的结构层次,并比较它们的异同,最后根据结构关系的异同,整理出趋向性后置成分的分布系统。该文可以看作国内首次应用层次分析来系统地分析现代汉语里一个具体语法现象并建立起一个分布系统的有益尝试。

总之,从50年代开始美国描写语言学的理论与方法开始影响汉语语法研究。但是,不能不指出,总起来说,在五六十年代美国描写语言学的理论与方法一直处于受批判的地位。这种批判几乎使整个现代汉语语法研究停留在传统语法学的境地而踏步不前,满足于翻来覆去地说明哪个句子成分由哪些词充任,哪些词能充任哪些成分。当然,也有少部分学者不理会这种批判,继续不声不响地默默无闻地运用描写语言学的研究路子对现代汉语语法作探索性的研究。这部分学者在80年代成了语法研究中的中坚力量。

这里需要指出的是,美国描写语言学在中国受到批判的同时,在美国本土也受到了猛烈的挑战和批判,爆发了所谓"乔姆斯基(N. Chomsky)革命",从而引起了语言学界一系列的变化:

(一)使语言研究从描写语言学的一统天下进入多中心、全面开发的局面;

(二)使语言研究进入了语音、语法、语义、语用综合研究的时期;

(三)使语言研究从重视微观研究转向重视宏观研究,从对语言单纯的形式描写转向开始注重对语言的解释;

(四)使语言科学跟数学、计算机科学、心理学、神经学、社会学等学科越来越互相渗透,紧密结合,从而使语言学向着精密科学的方向发展,出现了许多新的临界学科。

正是这些变化造成了国外多姿多彩五花八门的现代语言学。中国语言学界在进入80年代之后,面对国外那多姿多彩而又五花八门的现代语言学,采取了比较冷静的态度。

我们清醒地认识到,国外的语言理论与方法基本上是建立在印欧语研究的基础上的。汉语与印欧语诸语言存在着类型学上的区别,因此国外的语言理论与方法有适用汉语的一面,也有不适用于汉语的一面。我们既不能一概排斥,也不能一概接受,甚至照搬。正确的态度和做法是,坚持多元论,坚持为我所用的原则,不管是属于哪家哪派的,凡对我们有用的就采纳,凡暂时用不着的,就先搁置一旁,有选择地加以吸收,并根据我们汉语语法研究的需要,加以变通活用。在这种思想指导下,在现代汉语语法研究中,除原先美国描写语言学中的一些理论、观点、方法继续使用外,还从转换生成语法、"格"语法、系统功能语法、生成语义学、语用学中吸取了不少有用的观点与方法。现在,功能、分布、替换、层次、扩展、变换等观点及相关方法正广为使用,动词"价"(亦称"向")、语义格、预设、提取、移位、空位等观点及相关方法亦已引入语法研究之中。在句法分析上,已不再以能分析出一个句子的几大成分、说明某个成分由什么样的词担任为满足,已放弃比较陈旧的句子成分分析法(亦称中心词分析法)。现在,层次分析已被普遍采用,而且已深入到语法教学领域;变换分析正在语法研究领域里广为使用;在研究中还开始使用语义特征分析、"格"语法分析;此外还尝试从语用的角度来分析某些语法现象。这里需再一次强调指出的是,这些分析手段的运用一方面固然是受到国外现代语言学理论、方法的影响,另一方面也是我们根据汉语语法研究的需要而有选择地逐步吸取的,同时在实践中结合汉语语法研究的实际加以适当变通活用的。

叁　层次分析的运用

在汉语语法研究中为什么会引进层次分析？为回答这个问题，有必要回过头去扼要介绍一下传统的句子成分分析法（亦称"中心词分析法"）。

句子成分分析法的总的特点是，认定句法分析就是分析一个句子（单句）的句子成分，而一个句子（单句）可以有六种成分——主语、谓语（主要成分），宾语、补足语（次要成分），定语、状语（附加成分），[1]分析时要求先一举找出全句的中心词，以作为句子的主要成分主语和谓语，让其他成分分别依附于它们。其分析手续是：先看清全句的主要成分，哪个词是主语，哪个词是谓语；再看谓语是哪一种动词，以决定它后面有无连带成分宾语或补足语；最后指出所有附加在主宾语前面的定语和附加在谓语前后的状语（分前状语和后状语，即现在一般所说的补语）。例如对"这些工人立刻修好了一座桥"这句话该这样分析：

这些工人立刻修好了一座桥。……第一步分析
这些工人立刻修好了一座桥。……第二步分析
（这些）工人[立刻]修好了（一座）桥。……第三步分析

---

[1] 传统语法学里的补足语包括现在一般认为的以下两种成分：(1)"是、含有"和"变成"等动词所带的宾语，如"工人是劳动者""空气含有水分""他变成了叛徒"。(2)递系结构里后一个谓词性成分，如"工人请我讲演""工人推举张君作代表""他们骂卖国贼没有良心"。传统语法学里的状语包括现在一般所说的状语和补语。（参看黎锦熙《新著国语文法》）

在上面的分析表示法里,＝表示主语,——表示谓语,～～表示宾语,( )表示定语,[ ]表示状语,∽∽表示补语,即后状语。下同。①

句子成分分析法也是从国外借鉴来的,它在汉语语法研究和教学中起过积极的作用。在其他的分析手段借鉴、运用到汉语语法研究和教学中来之前,还就是靠它帮助建立起了汉语语法学,普及了汉语语法知识。句子成分分析法这一历史贡献是不可抹杀的。

但是,不能不看到,句子成分分析法的适用范围是极窄的。句子成分分析法,顾名思义,它只是用来分析句子成分的,这就自己把自己框定在一个很狭小的适用范围内。首先,它只适用于句法,不适用于词法,即不能用来分析合成词的内部构造。其次,它虽能用于句法,但也只适用于对单句的分析,不适用于对复句的分析。更值得注意的是,即使用它来分析单句也有很大的局限性,这是因为这种分析法一个致命的弱点是严重忽视句法构造的层次性。举例说,"这张照片放大了一点儿。"这句子是有歧义的:

A. 相当于"这张照片只放大了一点儿"(放得不太大)。

B. 相当于"这张照片放得大了一点儿"(放得太大了)。

造成上述歧义的原因是内部构造层次不同。按 A,那句子应分析为:

```
这张照片放大了一点儿
    1        2      1—2  主谓
         3    4     3—4  述补②
```

按 B,那句子应分析为:

---

① 位于谓语后边的状语(如"好")现在都称为补语。

② 有的语法著作将"一点儿"分析为宾语,参看朱德熙《语法讲义》§8.6,商务印书馆,1982年,北京。

```
这张照片放大了一点儿
  1       2      1—2 主谓
       3    4    3—4 述补①
```

但如果用句子成分分析法,无法分化这种歧义现象,不管表示 A 义或 B 义,都分析为:

(这张)照片 放 大了 一点儿
 (定) (主)(谓)(补) (补)②

再例如:

(1) 洗干净了

(2) 挖浅了

(3) 挖深了

例(1)表示的语法意义是,(A)行为动作完成了,并达到了预期的目的;例(2)表示的语法意义是,(B)行为动作完成了,但并未达到预期的目的(表示预期结果的偏离);例(3)表示的语法意义可以是(A)(如"你要我挖的坑儿已经挖深了,你看合不合要求"),也可以是(B)(如"你那个坑儿挖深了,只需挖 80 公分,现在有 90 公分了")。从表面格式看,例(1)、(2)、(3)都是"动+形+了";从结构性质上看,例(1)、(2)、(3)也相同,都属述补结构。那为什么所表示的语法意义不同呢?原因就在于内部构造层次不同。例(1)的内部构造层次是:

(1) 洗干净了(A)

例(2)的内部构造层次是:

(2) 挖浅了(B)

例(3)的内部构造层次可以与例(1)同:

---

① "放/大了一点儿"是"放得/大了一点儿"的紧缩形式,参看朱德熙《语法讲义》§9.11。

② 在句子成分分析法中对"了、着、过""啊、呢、吗"等虚词不予分析,下同。

(3) 挖深了(A)

也可以与例(2)同：

(3) 挖深了(B)

上述分化情况靠句子成分分析法不能分析得到，因为按句子成分分析法，例(1)、(2)、(3)的分析完全相同：

(1) (　)洗干净了①
　　(主)(谓)(补)

(2) (　)挖浅了
　　(主)(谓)(补)

(3) (　)挖深了
　　(主)(谓)(补)

事实告诉我们，语言的语法构造都是有层次性的。不论是句子(单句或复句)、词组或合成词，从表面看，都是一个线状的东西，实际上在构造上都有层次性，这是语言的语法构造的特点之一。因此，在汉语语法研究中放弃句子成分分析法，引进层次分析，是理所当然的，是汉语语法分析的需要。

层次分析，美国描写语言学称之为直接组成成分分析(Immediate Constituents Analysis，简称 IC Analysis)，最早是由布龙菲尔德(L. Bloomfield)提出来的。他以"Poor John ran away"(可怜的约翰跑开了)这个句子为例作了具体的分析，认为这个句子的直接组成成分是 Poor John 和 ran away，而每一个直接组成成分又是一个复杂形式，还可以分析；Poor John 的直接组成成分是 Poor 和 John，ran away 的直接组成成分是 ran 和 away；away 还是一个复合形式，可以进一步分析出两个直接组成成分——语素 a-和 way。② 按层次分析的观点，句子不是一个简单的线性序列，它是

---

① 按句子成分分析法，谓语"洗"前省略了主语，下同。
② 参看布龙菲尔德《语言论》(中译本)第十章，商务印书馆，1980年，北京。

由若干个直接组成成分的层级构成的,而每一个较低层级的成分是较高层级的成分的部分。

威尔斯(R. S. Wells)进一步对直接组成成分分析进行了研究。他把一个句子的直接组成成分以及这些直接组成成分的直接组成成分,直到各个语素,都看作是这个句子的成分;他把凡是由两个或两个以上的直接组成成分所组成的序列叫作结构体。举例来说,"The King of England opened Parliament."(英国国王主持议会开幕)是一个结构体,其直接组成成分是 The King of England 和 opened Parliament;而 The King of England 和 opened Parliament 又分别都是结构体;The King of England 的直接组成成分是 The 和 King of England,而 opened Parliament 的直接组成成分是 opened 和 Parliament;King of England 还是个结构体,其直接组成成分是 King 和 of England,opened 也是个结构体,其直接组成成分是 open 和-ed;of England 还是个结构体,其直接组成成分是 of 和 England。通过上面的分析,可以看出,这个句子一共包含七个语素:

(1) The

(2) King

(3) of

(4) England

(5) open

(6) -ed

(7) Parliament

包含大大小小六个结构体:

(1) The King of England opened Parliament

(2) The King of England

(3) opened Parliament

(4) King of England

(5) opened

(6) of England

在这个句子里,凡只是成分而非结构体的东西是语素;凡只是结构体而非成分的东西是句子。威尔斯还指出这么一点,直接组成成分分析的正确性要放在整个语言系统中去鉴定。他说:"一个 IC 分析会牵连到其他一些分析,所以它的正确性只有在考察了这种分析在 IC 系统中的大大小小的影响之后,才看得出来。"[①]

我们运用的层次分析当然是从美国描写语言学中吸取借鉴来的,但又有所不同。美国描写语言学运用层次分析,只讲切分,不讲定性,即只要求指明每一层面上的直接组成成分,不要求指明那直接组成成分之间的语法关系;我们则不但讲切分,还讲定性。这为什么呢?

我们知道,在印欧语里,词类与句法成分基本是一一对应的(详下文捌·二),因此在印欧语里,标明一个句法结构的 IC 的词性,也就间接地表明了 IC 之间的句法关系。例如:

NP+VP=主语—谓语

VP+NP=述语—宾语

(NP 代表名词性成分,VP 代表动词性成分。)这就是说,在印欧语里,"词类和层次在一定的程度上可以控制结构关系"。[②] 汉语则不是那样,汉语词类和句法成分之间的关系是错综复杂的(详下文捌·二),因此在汉语里,光标明一个句法结构的 IC 的词性,并不能表明 IC 之间的句法关系。例如,"NP+VP"可以是"主—谓"关系(如"哥哥来了""苹果吃了"),但也可以是"定—中"偏正关系(如

[①] R. S. Wells, Immediate Constituents, *Language*, 23, pp.81-117, 1947.

[②] 参看朱德熙《语法分析和语法体系》,载《中国语文》1982 年第 1 期。

"儿童教育""英语考试""农村调查");"VP＋NP"可以是"述—宾"关系(如"吃苹果""参加运动会"),但也可以是"定—中"偏正关系(如"出租汽车""驾驶技术""比赛场地")。这就是说,由于汉语缺乏形态,词类与句法成分是一对多对应,因此"汉语光凭词类和层次不能控制结构关系"①。这样,对汉语来说,"光是分析层次,远远不足以说明某一语言片段的特征","把层次和关系都标出来,一个语言片段的面貌就清楚多了"②。因此,汉语语法分析中运用层次分析不仅要讲切分,还必须讲定性。这也正是根据我们汉语的实际情况对描写语言学的直接组成成分分析所作的变通,也可以说是一种发展。

由于层次分析符合语言的语法构造特点,所以在语法研究中运用层次分析可以把研究引向深入,帮助我们不断揭示新的语法规律。举例来说,现代汉语里的"动词都能作谓语",这几乎成了现代汉语语法学中的不易之论。这一观点出自我国第一部系统的有很大影响的白话语法《新著国语文法》(黎锦熙著),该书认定,动词"是用来叙述事物之动作或功用的",都能作述语,"所以动词就叫做述说词"③。黎先生所谓的述语就是现在一般所说的谓语。最近出版的某些语法论著还认为"动词作谓语,只要在意念上能同主语搭配得拢就可以,不需要什么条件"④。然而,语言事实告诉我们,现代汉语中动词作句子的谓语并不自由,要受到很大的限制。有相当一部分动词(约占50%)根本就不能单独作句子的谓语。像"避免"就不能单独作句子的谓语。我们不说:

* 这种错误避免。

---

① 参看朱德熙《语法分析和语法体系》,载《中国语文》1982年第1期。
② 参看吕叔湘《汉语语法分析问题》§68—69,商务印书馆,1979年,北京。
③ 参看黎锦熙《新著国语文法》9—10页,13—14页,商务印书馆,1954年,上海。
④ 参看吕冀平《汉语语法基础》79页,黑龙江人民出版社,1983年,哈尔滨。

* 一场无谓的争吵避免。

* 我避免。

* 他们避免。

* 你们避免。

要使上面这些句子站得住,就得在动词"避免"前后加上些别的东西,例如:

这种错误可以避免。

一场无谓的争吵避免了。

我避免跟他接触。

他们避免了一场事故。

你们在工作中要避免主观、片面。

然而这一来就不是动词"避免"单独作句子的谓语了。类似的动词如"企图、妄图、合乎、颠覆、背离、容纳、免得、使得、把握、摆脱、拜会、搬弄、包藏、保障、背叛、比如、辨别、表明、加以、成为、变为、作为、沦为、安于、便于、处于、善于"等。这些动词不能单独作句子的谓语,并不是由于语义搭配问题造成的。另有约50％的动词,如"喝、去、知道、抽、说"等,虽然可以单独作句子的谓语,但也要受到语义上的限制。只有在表示意愿、对比或祈使的句子中,这些动词才能单独作句子的谓语。例如:

(1) 周繁漪　我喝,我现在喝!(曹禺《雷雨》)

(2) "你们都不去?""不,我去。"

(3) 鲁　贵　我先提你个醒。老爷比太太岁数大得多,大少爷不是这位太太生的。

鲁四凤　我知道。(曹禺《雷雨》)

(4) "他们抽烟吗?""小张抽,小李不抽烟。"

(5) 我问你,他是谁?你说。(曹禺《雷雨》)

(6) 妈,您喝。(曹禺《雷雨》)

例(1)、(2)里的"我喝""我去"用于表示意愿;例(3)、(4)里的"我知道""小张抽"用于含对比意思的句子;例(5)、(6)里的"你说""您喝"用于表示祈使。如果在动词前后加些别的成分,或者变为一个重叠式,便能自由地作谓语了。以动词"喝"为例:

  我不喝。

  我一会儿喝。

  我就喝。

  我喝了。

  我喝过。

  我正喝着呢。

  他喝牛奶。

  他喝了一杯水。

  他喝完了。

  他喝得很多。

  水喝完了。

  牛奶已经喝了。

  我喝喝。

  你们喝喝。

  ……

现代汉语中动词单独作谓语不自由,要受到限制,这正是通过层次分析所获得的一条重要的语法规律。[①]

当我们对一个复杂的结构体作层次分析时,常常不仅要考虑首先该从什么地方切分,而且要考虑为什么该从这个地方切分,这

[①] 参看陆俭明《现代汉语里动词作谓语问题浅议》,载《语文论集》(二),外语教学与研究出版社,1986年,北京。

就把研究引向了深入,就可能会获得意想不到的成果。举例来说,"父亲的父亲的父亲"该从哪儿切分?在一般人看来,这近乎是一种语言游戏,事实上在这个问题背后隐含着重要的规律。从表面看,似乎既可以这样切分:

(A) 父亲的 父亲的 父亲

也可以那样切分:

(B) 父亲的 父亲的 父亲

因为"父亲的父亲"在意思上跟"祖父"相当,如果直接用"祖父"替代上述偏正结构里的"父亲的父亲",那么按(A)则是:

父亲的父亲的/父亲⇒祖父的/父亲

按(B)则是:

父亲的/父亲的父亲⇒父亲的/祖父

"祖父的父亲"和"父亲的祖父"等值,都指曾祖父。然而按语法研究的要求,不仅必须明确说明到底是按(A)切分还是按(B)切分,而且要从语法构造上讲明道理。为此我们就不能就事论事,需要跳出"父亲的父亲的父亲"这个具体实例的范围来考虑问题,以求我们的切分合理与否能在语言的整个系统中得以鉴定。考虑到"父亲的父亲的父亲"这一偏正结构除"的"字外都是指人的名词,我们有必要全面考察一下跟"父亲的父亲的父亲"同类的由指人的名词自相组合造成的偏正结构的全部情况。这就引导我们对指人的名词以及由指人的名词彼此组合成偏正结构的内在规律作一番全面、细致的分析、研究。结果发现,现代汉语里指人的名词可以细分为以下四类六组:

Ⅰ. 姓名,下分两组:

 A. 带姓的姓名、称呼,例如:

  王晓平 王书记 周教授

  王同志 李师傅 张伯伯

老王　　小李　　张老

B. 名字,包括小名,例如:

志刚　　振华　　菊英　　祖堂
毛毛　　玲玲　　小三　　嘎子

Ⅱ. 能用来转指人的职务名称,也下分两组:

C. 论职位的职务名称,例如:

主席　　主任　　书记　　教授
部长　　校长　　厂长　　军长

D. 不论职位的职务名称,例如:

打字员　　驾驶员　　教员
通讯员　　保姆　　炊事员

Ⅲ. 表示亲属、师友等关系的称谓,例如:

E. 爸爸　　母亲　　岳父　　姑父
哥哥　　妹妹　　表弟　　妻子
老师　　学生　　同学　　师傅
朋友　　同事　　战友　　邻居

Ⅳ. 人称代词,例如:

F. 我　　你　　他(她)　　咱
我们　　你们　　他(她)们　　咱们

上述四类六组指人的名词可分别简写为:

Ⅰ. 名姓 { 名姓 a ············ A
         名姓 b ············ B

Ⅱ. 名职 { 名职 c ············ C
         名职 d ············ D

Ⅲ. 名亲 ············ E

Ⅳ. 名代 ············ F

以上四类六组指人的名词自相组合造成的偏正结构(不论包含几

项)有很强的规律性,总共有以下六条规则:

  规则(一) 在由指人的名词自相组合造成的偏正结构里,首项位置上六组指人的名词都能出现。

  规则(二) 在由指人的名词自相组合造成的偏正结构里,如果前一项是名代(F),那么相邻的后一项可以是名代(F)以外的任何一组指人的名词。

  规则(三) 在由指人的名词自相组合造成的偏正结构里,如果前一项是除了名代(F)以外的任何一组指人的名词,那么相邻的后一项只能是名姓 b(B)、名职 d(D)或名亲(E)。

  规则(四) 在由指人的名词自相组合造成的偏正结构里,不管包含多少项,总是前一项名词限制着相邻的后一项名词的选择。

  规则(五) 由指人的名词自相组合造成的偏正结构都表示领属关系;有 n 项名词就包含 n-1 重领属关系;所包含的领属关系是非传递性的,即在这种组合里,任何相邻的两项名词之间一定有领属关系,不相邻的两项名词之间不一定有领属关系。

  规则(六) 由指人的名词自相组合造成的偏正结构,其内部层次构造,如果对它进行从大到小的分析,那一定都是左向的。

  有了以上六条规则,就可以断定"父亲的父亲的父亲"按(A)切分才是合理的,因为"父亲的父亲的父亲"只是由指人的名词自相组合造成的偏正结构里 EEE 格式的一个特例,但是它的特殊性仅仅表现在它所包含的三项名词正好都是"父亲"一词这一点上,上面所说的六条规则,是整个这类偏正结构的共性,其中每一条规则对"父亲的父亲的父亲"这个实例都起着制约作用。[①]

  层次分析用处很大,但有局限。层次分析只能揭示构造层次

---

  ① 详见陆俭明《由指人的名词自相组合造成的偏正结构》,载《中国语言学报》第 2 期,1985 年。

和显性的(overt)语法关系(亦称语法结构关系),不能揭示句法结构内部隐性的(covert)语法关系(亦称语义结构关系)。例如:

(1) 台上坐着主席团

(2) 台上演着梆子戏

例(1)、(2)表示的语法意义不同:例(1)表示存在,表静态(A);例(2)表示活动,表动态(B)。而例(1)、(2)从格式上看,都是:

$$NP_{[L]} + V + 着 + NP$$

($NP_{[L]}$代表表示处所的词语)如运用层次分析,例(1)、(2)分析所得结构相同:

(1) 台上坐着主席团
　　1　　　2　　　1—2 主谓
　　　　3　　4　　3—4 述宾

(2) 台上演着梆子戏
　　1　　　2　　　1—2 主谓
　　　　3　　4　　3—4 述宾

有时我们还会遇到这种类型的歧义句:

(3) 山上架着炮

例(3)既可以理解为(A)义,表示存在(意即山上有炮),表静态;也可以理解为(B)义,表示活动(意即山上正在架炮),表动态。那么上述意义上的差别是由什么造成的呢?那是由句法结构内部实词和实词之间的语义联系的不同造成的。具体说,例(1)$NP_{[L]}$"台上"是指明NP"主席团"存在的处所,而例(2)$NP_{[L]}$"台上"是指明"演梆子戏"这一活动的场所。这种实词与实词之间的语义联系通常就称之为隐性语法关系,或称语义结构关系。由语义结构关系造成的歧义句式,层次分析就无力对付了。这就要求我们去探求新的分析手段。

肆　变换分析的运用

上文指出,由语义结构关系的不同所造成的歧义句式,层次分析就无力对付,这就要求我们去探求新的分析手段。变换分析的运用正是适应了这种研究的需要。

在具体介绍汉语语法研究中对变换分析的运用之前,有必要先分辨清楚"变换"和"转换"这两个概念。

在英语里,"变换"和"转换"是同一个词,都是 transformation,而我们把它分别译为"变换"与"转换",以示区别。

我们将乔姆斯基转换生成语法理论里所用的 transformation 译为"转换"。"转换"是指从深层结构(deep structure)到表层结构(surface structure)的映现(map)过程。我们将美国描写语言学后期代表人物海里斯(Z. Harris)所用的 transformation 译为"变换"。"变换"是指同一层面上不同句法结构之间结构上的依存关系。

上面说到,层次分析的局限导致变换分析的运用。就叁里所举到的例(1)"台上坐着主席团"和例(2)"台上演着梆子戏"来说,表面看结构相同(包含的词词类相同,词类序列相同,构造层次相同,语法结构关系相同),实际上还不是严格的同构,因为内部的语义结构关系不同。这里我们不妨把表示(A)义的"$NP_{[L]}+V+$着$+NP$"记为[A]式,把表示(B)义的"$NP_{[L]}+V+$着$+NP$"记为[B]式。我们怎么验证[A]式和[B]式在语法意义表达上的不同呢?怎样分化如例(3)"山上架着炮"那样的歧义句式呢?

我们看到[A]式可以跟"NP+V+在+NP[L]"句式(我们将这种句式记为[C]式)相联系。例如：

[A]台上坐着主席团⟶[C]主席团坐在台上

"主席团坐在台上"也表示存在,也表静态,而且 NP[L]"台上"也是指明 NP"主席团"存在的处所。类似的例子如：

   [A]   [C]

门口站着人⟶人站在门口

前三排坐着来宾⟶来宾坐在前三排

床上躺着人⟶人躺在床上

黑板上写着字⟶字写在黑板上

墙上挂着画⟶画挂在墙上

门上贴着对联⟶对联贴在门上

上述情况表明,[A]式和[C]式之间有变换关系,[A]式可以变换为[C]式,即：

[A]⟶[C]

而表(B)义的[B]式可以跟"NP[L]+正在+V+NP"句式(我们将这种句式记为[D]式)相联系。例如：

[A]台上演着梆子戏⟶[D]台上正在演梆子戏

"台上正在演梆子戏"也表示活动,表动态,而且 NP[L]"台上"也是指明"演梆子戏"这一活动的场所。类似的例子如：

   [B]   [D]

门外敲着锣鼓⟶门外正在敲锣鼓

外面下着大雨⟶外面正在下大雨

大厅里跳着舞⟶大厅里正在跳舞

隔壁打着电话⟶隔壁正在打电话

操场上放着电影──→操场上正在放电影

教室里上着课──→教室里正在上课

上述情况表明,[B]式和[D]式之间有变换关系,[B]式可以变换为[D]式,即:

[B]──→[D]

这里值得注意的是,[A]式只能与[C]式发生变换关系,与[D]式之间没有变换关系;反之,[B]式只能与[D]式发生变换关系,与[C]式之间没有变换关系,即:

[A]──→[C]

　　　╱╱→[D]

[B]──→[D]

　　　╱╱→[C]

上面说到,例(3)既可以表示(A)义,也可以表示(B)义。这是[A]式和[B]式在这个具体的句法结构身上重合的结果。我们通过变换分析可以证明这一点。当例(3)表示(A)义时,它为[A]式,可以变换为[C]式:

[A]山上架着炮──→[C]炮架在山上

当例(3)表示(B)义时,它为[B]式,可以变换为[D]式:

[B]山上架着炮──→[D]山上正在架炮

这样,通过变换分析达到了分化有歧义的例(3)的目的。类似例(3)的例子为:

(4) 院墙外修着马路

例(4)也可以表示(A)、(B)二义。当例(4)表示(A)义时为[A]式,可以变换为[C]式:

[A]院墙外修着马路──→[C]马路修在院墙外

当例(4)表示(B)义时为[B]式,可以变换为[D]式:

　　[B]院墙外修着马路──→[D]院墙外正在修马路

通过变换分化了有歧义的例(4)。①

　再举个例子。请先看实例:

　　(5)这几捆书运广州。

　　(6)这几捆书送王老师。

例(5)、(6)都是受事主语句,而且格式相同,都是"$NP_1 + V + NP_2$",内部层次构造和结构关系也相同:

　　(5)这几捆书运广州
　　　　＿＿1＿＿　＿＿2＿＿　1—2 主谓
　　　　　　　　　　3　4　　3—4 述宾

　　(6)这几捆书送王老师
　　　　＿＿1＿＿　＿＿2＿＿　1—2 主谓
　　　　　　　　　3　　4　　3—4 述宾

但二者所带宾语性质不同:例(5)谓语动词"运"带的是处所宾语("广州"指明"书"位移的终点);例(6)谓语动词"送"带的是与事宾语("王老师"指明"书"的接受者)。这种细微的差别,层次分析也不能加以分化,只有靠变换分析加以分化。

　假设带处所宾语的受事主语句"$NP_1 + V + NP_2$"为[A]式,带与事宾语的受事主语句"$NP_1 + V + NP_2$"为[B]式。我们看到,[A]式可以变换为"$NP_1 + V + 到 + NP_2$"(假定为[C]式),例如:

　　[A]这几捆书运广州──→[C]这几捆书运到广州

变换后"广州"仍指明书位移的终点。类似的例子如:

---

① 参看朱德熙《"在黑板上写字"及相关句式》,载《语言教学与研究》1981年第1期。

　　　　[A]　　　　　　　[C]
　　这张桌子搬灶间——→这张桌子搬到灶间
　　这坛酒抬地下室——→这坛酒抬到地下室
　　那树苗扛后花园——→那树苗扛到后花园
　　这盆花拿芸芸屋里——→这盆花拿到芸芸屋里
这说明[A]式和[C]式有变换关系，[A]式可变换为[C]式，即：
　　　[A]——→[C]
[B]式则可以变换为"NP$_1$＋V＋给＋NP$_2$"（假定为[D]式），例如：
　　[B]这几捆书送王老师——→[D]这几捆书送给王老师
变换后"王老师"仍指明书的接受者。类似的例子如：
　　　　[B]　　　　　　　[D]
　　这几本书还王老师——→这几本书还给王老师
　　这担柴卖民本小学——→这担柴卖给民本小学
　　这件衣服送李奶奶——→这件衣服送给李奶奶
　　这笔款交王校长——→这笔款交给王校长
　　这家具退还学校——→这家具退还给学校
这说明[B]式和[D]式有变换关系，[B]式可变换为[D]式，即：
　　　[B]——→[D]
需要注意的是，[A]式只跟[C]式有变换关系，跟[D]式没有变换关系，即：
　　　[A]——→[C]
　　　　╫→[D]
反之，[B]式只跟[D]式有变换关系，跟[C]式没有变换关系，即：
　　　[B]——→[D]
　　　　╫→[C]
这样，通过变换分析就很容易地将[A]式和[B]式区别开来。下面的句子有歧义：

(7) 这捆书送北大图书馆。

"北大图书馆"既可以理解为"送"的处所宾语,也可以理解为"送"的与事宾语。按前者,例(7)属[A]式,就可以变换为[C]式,即:

[A]这捆书送北大图书馆——→[C]这捆书送到北大图书馆

按后者,例(7)属[B]式,就可以变换为[D]式,即:

[B]这捆书送北大图书馆——→[D]这捆书送给北大图书馆

通过变换分析分化了例(7)这个歧义句。

从上可知,变换分析与层次分析显然不同。层次分析着眼于句法结构内部的分析,通过分析使我们了解到一个句法结构内部所包含的若干个词是怎样按照一定的句法规则一层一层地组合起来的。而变换分析着眼于句法结构的外部分析,即着眼于考察所分析的句法结构(一般称之为原句式)跟与之有内在结构关系的句法结构(一般称之为变换式)之间的联系,通过分析达到分化歧义句式或给原句式定性、分类的目的。

层次分析的客观依据是句法构造的层次性,变换分析的客观依据是:

(一)语言表达要求细致而又经济的原则,致使语言中同一个意义可以用不同的句法格式来表达,即语言中存在着大量的同义格式;

(二)要表达的意义是无限的,而语言中格式是有限的,用有限的格式来表示无穷的意义,致使语言中同一种句法格式可以表达不同的意义,即语言中存在着大量的同形格式;

(三)语言中所存在的含有相同语义结构关系的不同句法结构之间总存在着某种内在的结构联系。

关于变换的思想,早在40年代出版的吕叔湘先生的《中国文法要略》一书里就有了。正如朱德熙先生所指出的:

这部书上卷"词句论"里讨论到句子和词组之间的变换关系,其中有些观察是相当深入的。例如书中指出叙事句一般都能转化为名词性词组,而存在句、领属句和判断句则不能转换成名词性词组。再如说带指人的"补词"的叙事句转换成词组时必须补一个代词复指成分"他"(你送花给一个人→你送花给他的人/我向一位老人家问路→我向他问路的老人家)。《要略》应该说是研究汉语句法结构变换的先驱。[①]
可惜这种变换思想没有宣传,没有人引发,更没有上升为理论,鲜为人知。我们目前所运用的变换还是来源于美国描写语言学家海里斯的。[②] 但是,我们并不是拿来就算了,而是根据汉语语法研究的实际加以改造,并形成了一套有关变换分析的理论:

(一)变换分析是一种语法分析手段,变换可以理解为存在于两种结构不同的句法结构之间的依存关系。

(二)变换是句式的变换,不是某个具体句子的变换。因此,无论原句式或变换式都集合着许多实例。如果把有变换关系的两个句式的实例分行排列,就形成一个变换矩阵(transformational matrix)。如上面举过的例子:

[A]NP$_{[L]}$+V+着+NP ⟶ [C]NP+V+在+NP$_{[L]}$
A-1 台上坐着主席团 ⟶ C-1 主席团坐在台上
A-2 门口站着人 ⟶ C-2 人站在门口

---

① 参看朱德熙《〈汉语语法丛书〉序》,见吕叔湘《中国文法要略》(1982年版)、王力《中国现代语法》(1985年版)、何容《中国文法论》(1985年版)、高名凯《汉语语法论》(1986年版)等,商务印书馆,北京。

② 参看 Z. Harris, Discourse Analysis(《话语分析》),1952;Co-occurrence and Transformation in Linguistic Structure(《语言结构中的共现和变换》),1957;Transformational Theory(《变换理论》),1965。以上三篇文章见 Z. Harris, *Papers on Syntax*(《句法论集》),Henry Hiz, ed., D. Reidel Company, 1981。

A-3 前三排坐着来宾──►C-3 来宾坐在前三排

A-4 床上躺着人──►C-4 人躺在床上

A-5 黑板上写着字──►C-5 字写在黑板上

A-6 墙上挂着画──►C-6 画挂在墙上

A-7 门上贴着对联──►C-7 对联贴在门上

（三）在变换矩阵里的句法结构,无论在形式上或意义上存在着一系列的平行性。

1.原句式,即箭头左边的句式,各竖行的句法结构都同构,①所表示的语法意义一致;变换式,即箭头右边的句式,各竖行的句法结构都同构,②所表示的语法意义一致。

2.横行句法结构之间是变换关系,横行的句法结构之间不同构。

3.所有横行箭头左右两侧的句法结构在结构上和语法意义上的差异一致,而每一横行箭头左右两侧的句法结构其共现词（co-occurrent words）之间的语义关系一致。

（四）上述平行性原则,对变换关系来说,具有验证作用;对于变换矩阵里的实例来说,具有鉴别作用。③

当初海里斯提出变换时,开始以是否造成 A 式和 B 式句子等价为标准,后又将变换与共现（co-occurrenece）联系在一起,以两个不同的结构是否含有相同的形类、是否含有相同的个别共现集合为标准,最后又提出以变换前后句子的可接受性词序（accept-

---

① 这里所说的同构是指句法结构中包含的相对应的词所属的词类相同,词序相同,构造层次相同,语法结构关系相同。

② 这里所说的同构是指句法结构中包含的相对应的词所属的词类相同,词序相同,构造层次相同,语法结构关系相同。

③ 参看朱德熙《变换分析中的平行性原则》,载《中国语文》1986 年第 2 期;方经民《变换理论研究》,硕士学位论文（油印本）,1987 年。

abilityordering)为变换标准。我们关于变换分析的论述显然发展了海里斯的变换理论。

变换分析的作用并不只在分化歧义句式,如上面所举的例子。还可用来给某种句式分类定性。举例来说,现代汉语里动词后带数量词有三种情况:

(a) 数量词由名量词构成,例如:

买一本
吃一个
写两篇

(b) 数量词由动量词构成,例如:

洗一次
敲一下
唱三遍

(c) 数量词由时量词构成,例如:

看一天
停两年
等一分钟

(a)类都认为是述宾结构;对于(b)、(c)类看法就不同了。一般看作述补结构,有人看作述宾结构。(b)、(c)类到底分析为述补结构合适,还是分析为述宾结构合适?可利用变换分析帮助确定。我们看到(a)类可以有如下 T_1 和 T_2 两种变换:

T_1: V+nm ⟶ V+了/过+nm

买一本 ⟶ 买了/过一本
吃一个 ⟶ 吃了/过一个
写两篇 ⟶ 写了/过两篇

T_2: V+nm ⟶ nm[1]+也+没有+V

买一本 ⟶ 一本也没有买

吃一个──→一个也没有吃
　　写两篇──→一篇也没有写

(nm 代表数量词，nm$_{[1]}$代表数词限于"一"的数量词，下同。)值得注意的是，(b)、(c)类也有 T_1 和 T_2 这两种变换：

　　T_1：V＋nm ──→ V＋了/过＋nm
　　　（b）洗一次──→洗了/过一次
　　　　　敲一下──→敲了/过一下
　　　　　唱三遍──→唱了/过三遍
　　　（c）看一天──→看了/过一天
　　　　　停两年──→停了/过两年
　　　　　等一分钟──→等了/过一分钟
　　T_2：V＋nm ──→ nm$_{[1]}$＋也＋没有＋V
　　　（b）洗一次──→一次也没有洗
　　　　　敲一下──→一下也没有敲
　　　　　唱三遍──→一遍也没有唱
　　　（c）看一天──→一天也没有看
　　　　　停两年──→一年也没有停
　　　　　等一分钟──→一分钟也没有等

显然，(a)、(b)、(c)三类有相同的变换。它们所包含的量词各不相同，但就整个格式看，它们属于一个大类，把它们都分析为述宾结构应该说是比较合理的。

我们看重变换分析更在于它可以帮助我们把语法研究进一步引向深入，揭示更多的语法规律。举例来说，表祈使的"把"字句式"把＋NP＋V＋了"与受事主语祈使句式"NP＋V＋了"有变换关系：[1]

---

[1] 参看朱德熙《语法讲义》§13.7.3。

把衣服脱了！⟶衣服脱了！
把那房子拆了！⟶那房子拆了！
把这些旧书卖了！⟶这些旧书卖了！
把这几句话删了！⟶这几句话删了！
把这封信烧了！⟶这封信烧了！
把这个字擦了！⟶这个字擦了！
把那烂苹果扔了！⟶那烂苹果扔了！

但我们发现，当"把"后边的宾语成分NP为人称代词时，都不能变换为受事主语祈使句。例如：

把他杀了！⇸ ＊他杀了！
把它宰了！⇸ ＊它宰了！
把它扔了！⇸ ＊它扔了！
把它喝了！⇸ ＊它喝了！
把它吃了！⇸ ＊它吃了！
把它拆了！⇸ ＊它拆了！
把它擦了！⇸ ＊它擦了！
把他放了！⇸ ＊他放了！

显然，通过变换分析不仅使我们了解到"把"字祈使句可以根据NP的不同情况分为两小类，而且进一步使我们认识到汉语里边人称代词不能占据受事主语祈使句的主语位置。

再举个例子。最近我们发现了双宾结构的两条规则：(1)当近宾语（即与事宾语）为非人称代词时，远宾语（即受事宾语）得是个"数·量·(名)"结构，否则所形成的双宾结构是黏着的，不能独立成句。(2)双宾结构的远宾语不能是一个领属性偏正结构。[①] 这两条规则就是在研究一部分"把"字句与双宾结构的变换关系时发

---

① 参看陆俭明《双宾结构补议》，载《烟台大学学报》1988年第2期。

现的。请看实例：

(1) 把书给他──→给他书
(2) 把皮箱给我──→给我皮箱
(3) 把挂历给隔壁奶奶──→?给隔壁奶奶挂历
(4) 把皮箱给张老师──→?给张老师皮箱
(5) 把信给司令员──→?给司令员信
(6) 把糖给钱玉萍──→?给钱玉萍糖
(7) 把我的书给张老师─\→ ＊给张老师我的书
(8) 把我们的皮箱给他─\→ ＊给他我们的皮箱
(9) 把司令员的画给我─\→ ＊给我司令员的画
(10) 把哥哥的大衣给他─\→ ＊给他哥哥的大衣

例(1)、(2)"给"的与事宾语是人称代词，"给"的受事（即"把"的宾语)不是"数·量·名"结构，相应的变换式（双宾结构)能成立，而且能单说，是自由的；例(3)—(6)"给"的与事宾语为非人称代词的名词性成分，"给"的受事（即"把"的宾语)不是"数·量·名"结构，相应的变换式（双宾结构）虽能成立，但不能单说，是黏着的；例(7)—(10)由于"给"的受事（即"把"的宾语）是个领属性偏正结构，所以"给"的与事宾语不管是一般的名词（如例(7)）还是人称代词（如例(8)、(9)、(10)），相应的变换式都不能成立。

显然，变换分析进一步扩大了我们的研究视野，但变换分析也还是有它的局限。变换分析可以用来分化歧义句式，但不能解释造成歧义句式的根本原因。例如前面举到的"台上坐着主席团"和"台上演着梆子戏"，二者同构，但为什么各自内部实词之间的语义结构关系不同呢？为什么各自表示的语法意义不同呢？变换分析只能证实它们的不同，不能回答它们为什么不同。这就要求我们又要进一步去探求新的分析手段。

伍　语义特征分析的运用

正如层次分析的局限,促使变换分析的运用一样,变换分析的局限,促使语义特征分析开始在汉语语法研究中运用。

变换分析可以用来分化歧义句式,但不能用来解释造成歧义句式的更深一层的原因。"台上坐着主席团"和"台上演着梆子戏"格式相同,都是"$NP_{[L]}+V+着+NP$",而且内部构造层次、语法结构关系也相同,为什么会产生不同的语义结构关系?变换分析无法回答这个问题,这需要运用语义特征分析来作出回答。

经研究,"$NP_{[L]}+V+着+NP$"之所以会分化为[A]、[B]两个格式(参看上文肆),关键在动词V。不妨比较一下[A]式和[B]式里的动词:

[A]	[B]
台上坐着主席团	台上演着戏
门口站着人	门外敲着锣鼓
床上睡着人	外面下着大雨
床上躺着病人	大厅里跳着舞
地上蹲着许多人	操场上放着风筝
地上趴着一只猫	教室里上着课
黑板上写着字	烟囱里冒着烟
墙上挂着画	隔壁开着收音机
门上贴着对联	锅里炒着菜
石头上刻着字	嘴里嚼着口香糖

袖口上钉着扣子　　　　电视里说着相声

枕头上绣着花儿　　　　嘴里哼着歌

头上戴着花儿　　　　　手上干着活儿

我们不妨先考察分析一下[A]式各实例里的动词"坐、站、睡、躺、蹲、趴、写、挂、贴、刻、钉、绣、戴",将会发现,这些动词的具体意义各不相同,但含有共同的意思,那就是都含有"附着于某物"的意思。这可以从词典里对这些动词的释义里看出来。例如:

坐:把臀部放在椅子、凳子或其他物体上,支持身体重量。①

站:直着身体,两脚着地或踏在物体上。

睡:同"躺"。②

躺:身体倒在地上或其他物体上。

蹲:两腿尽量弯曲,像坐的样子,但臀部不着地。

趴:胸腹朝下卧倒。③

写:用笔在纸上或其他东西上做字。

挂:借助于绳子、钩子、钉子等使物体附着于某处的一点或几点。

贴:把薄片状的东西粘在另一个东西上。

刻:用小刀子在竹、木、玉、石、金属等物品上雕成花纹、文字或痕迹。

钉:用钉子、螺丝钉把东西固定在一定的位置。

绣:用彩色丝、绒、棉线在绸、布等上面做成花纹、图像或文字。

戴:把东西放在头、面、胸、臂等处。

我们不妨就把"附着于某物"看作[A]式里的动词所具有的共同的语义特征,并标记为[+附着]。再看[B]式里的动词"演、敲、

---

① 所列动词释义见中国社会科学院语言研究所词典编辑室编《现代汉语词典》,商务印书馆,1987年,北京。

② 《现代汉语词典》上只有"睡觉"一个义项,事实上应再立一个义项,即"同'躺'"(如"他睡在床上望着天花板")。

③ "卧"即"躺下",见《现代汉语词典》。

下[雨]、跳、放[风筝]、上[课]、冒、开、炒、嚼、说、哼、干"等,它们都不具有[+附着]语义特征。如果我们把[A]式里的动词记为Va,把[B]式里的动词记为Vb,这两小类动词的差别就在于:

Va[+附着]

Vb[-附着]

正因为Va具有[+附着]的语义特征,所以[A]式可以变换为[C]式;而Vb不具有[+附着]语义特征,所以[B]式不能变换为[C]式。

关于语义特征分析,目前尚缺乏理论总结,这里不妨多举些实例。下面是与"给"相关的两组句子:①

[A] 卖(了)批图书给学校
送(了)份情报给敌人
递(了)支香烟给张三
扔(了)个皮球给小五
让(了)个位置给李四

[B] 买(了)批图书给学校
偷(了)份情报给敌人
讨(了)支香烟给张三
要(了)个皮球给小五
抢(了)个位置给李四

[A]和[B]同构,都是:

V(了)+NP+给+NP′

1		2		1—2 述谓
3	4	5	6	3—4 述宾
				5—6 述宾

---

① 这一实例参看朱德熙《与动词"给"相关的句法问题》,载《方言》1979 年第 2 期。

但从语义上看,[A]和[B]有区别。[A]包含两个动作,但说的是同一件事。拿"黄子平卖了批图书给学校"来说,黄子平卖图书的过程也就是图书由黄子平转移到学校的过程。[B]也包含两个动作,说的却是彼此分离的两件事。拿"黄子平买了批图书给学校"来说,黄子平买图书和黄子平把那图书给学校是彼此分离的两件事。这种语义上的区别可以通过变换加以验证。[A]式"V(了)+NP+给+NP′"可以变换为[C]式"V+给(了)+NP′+NP"。例如:

    [A]   ⟶   [C]
 卖(了)批图书给学校——→卖给(了)学校一批图书
 送(了)份情报给敌人——→送给(了)敌人一份情报
 递(了)支香烟给张三——→递给(了)张三一支香烟
 扔(了)个皮球给小五——→扔给(了)小五一个皮球
 让(了)个位置给李四——→让给(了)李四一个位置

[B]式则不能变换为[C]式。例如:

    [B]   ⇸   *[C]
 买(了)批图书给学校⇸ *买给(了)学校一批图书
 偷(了)份情报给敌人⇸ *偷给(了)敌人一份情报
 讨(了)支香烟给张三⇸ *讨给(了)张三一支香烟
 要(了)个皮球给小五⇸ *要给(了)小五一个皮球
 抢(了)个位置给李四⇸ *抢给(了)李四一个位置

[A]式和[B]式为什么会有上述区别呢?经考察分析[A]组和[B]组里的各个动词,发现[A]组里的动词跟[B]组里的动词所具有的语义特征不同:[A]组里的动词,我们不妨记为 Va,具有"给予"的语义特征,而不具有"取得"的语义特征;[B]组里的动词,我们不妨记为 Vb,则正好相反,具有"取得"的语义特征,不具有"给予"的

语义特征,即:

Va[+给予,-取得]

Vb[-给予,+取得]

通过语义特征分析得知,[A]和[B]虽同构,但从更严格意义上说,它们还是不同构,应分别表示为:

[A]Va(了)+NP+给+NP′

[B]Vb(了)+NP+给+NP′

下面再举一个例子。请先看实例:①

[A]死了三天了

[B]等了三天了

[C]看了三天了

[D]挂了三天了

[A]、[B]、[C]、[D]同构,都是:

$$V + 了 + T + 了$$
$$\underline{\quad 1 \quad} \quad 2 \qquad 1—2 \quad 助词结构$$
$$\underline{3} \quad \underline{4} \qquad 3—4 \quad 述宾$$

(T代表表示时间的数量词)但是,它们表示的语法意义各不相同:[A]的时量宾语表示动作行为完成以后经历的时间;[B]的时量宾语表示动作行为持续的时间;[C]的时量宾语既可以表示行为动作完成以后经历的时间(如"那小说早看完了,看了三天了"),也可以表示动作行为持续的时间(如"那本小说看了三天了还没看完");[D]的时量宾语既能表示行为动作完成以后经历的时间(如"你们那儿彩灯挂了吗?""早挂了,挂了三天了。"),也可以表示动作行为持续的时间(如"那彩灯太大了,挂了三天了还没挂好"),又能表示由动作行为造成的状态所持续的时间(如"彩灯一直在门上

---

① 该实例参看马庆株《时量宾语和动词的类》,载《中国语文》1981年第2期。

挂着,都挂了三天了")。上述不同可列表比较如下:

	动作完成后 经历的时间	动作持续 的时间	动作造成的状态 所持续的时间
[A]	＋	－	－
[B]	－	＋	－
[C]	＋	＋	－
[D]	＋	＋	＋

上述[A]、[B]、[C]、[D]同构,然而为什么所表示的语法意义不同呢? 经研究发现原来它们各自包含的动词所具备的语义特征不同。大家不妨一起来考察一下分别能出现在[A]、[B]、[C]、[D]里的动词:

能出现在[A]里的动词:

死　　伤　　断　　熄　　完
了(liǎo)　　丢　　塌　　出现
成立　出嫁　提拔

能出现在[B]里的动词:

等　　盼　　哭　　笑　　追
养(～鸡)　玩儿　上(～学)
忍　　病　　想　　占　　寻思
张罗　琢磨　陪伴

能出现在[C]里的动词:

看　　听　　说　　学　　问
教　　干　　造　　扫　　擦
浇　　剪　　修　　商量　研究
广播　打　　扫

能出现在[D]里的动词:

挂　　摇　　插　　贴　　装
盖　　种　　裁　　穿　　戴
系(jì)　披　　扎　　缝　　梳
腌

我们把出现在[A]、[B]、[C]、[D]里的动词分别记为 Va、Vb、Vc、Vd。细细分析各类动词可以发现，它们所具备的语义特征不同，如下表所示：

Va[＋完成，－持续，－状态]
Vb[－完成，＋持续，－状态]
Vc[＋完成，＋持续，－状态]
Vd[＋完成，＋持续，＋状态]

通过语义特征分析得知，从更严格意义上说，[A]、[B]、[C]、[D]还是不同构的：

[A]：Va＋了＋T＋了
[B]：Vb＋了＋T＋了
[C]：Vc＋了＋T＋了
[D]：Vd＋了＋T＋了

下面再举一个实例以进一步说明语义特征分析如何使我们在语法研究中更好地实现形式和意义的统一。①

现代汉语里有一个比较常用的"V 来了"（即"动词＋趋向动词'来'＋了"）格式，例如：

(他)以为来了。
(他)同意来了。
(他)走来了。
(他)带来了。

---

① 该实例参看陆俭明《"V 来了"试析》，载《中国语文》1989 年第 3 期。

(他)玩儿来了。

(他)休息来了。

"V来了"看着简单,里面只包含三个词,其实内部结构情况很复杂。从内部语法关系看,可以表示三种不同的语法关系:

A. 述宾关系,如"以为来了""同意来了";

B. 述补关系,如"走来了""带来了";

C. 连谓关系,如"玩儿来了""休息来了"。

从内部构造层次看,可以有两种不同的构造层次:

I. "V来/了",如"同意来/了""走来/了""带来/了";

II. "V/来了",如"以为/来了""玩儿/来了""休息/来了"。

事实告诉我们,"V来了"内部所呈现的上述复杂情况都与出现在这一格式里的动词所具备的复杂的语义特征有关。

如果我们把能使"V来了"形成述宾关系的动词V记为Va,Va是一个封闭的类,常见的如:

认为	以为	觉得	感到	看(=认为)
发现	证明	表明	说明(=证明、表明)	
同意	赞成	决定	允许	答应
要求	请求	要(=要求)	反对	
欢迎	盼望	希望	保证	相信
怀疑	知道	估计	听说	打算
想				

从语义上看或表示认知(如"以为、认为、知道、估计"等),或表示感知(如"感到、觉得、听说"等),或表示认可(如"同意、赞成、反对"等),或表示意愿(如"希望、盼望、打算"等),它们都与人的心理、感觉活动有关,我们姑且把Va类动词的语义特征记为[+心理]。

如果我们把能使"V来了"形成述补关系的动词V记为Vb,Vb也是一个封闭的类,常见的如:

上	下	进	出	过	回
起	走	跑	跳	奔	跟
追	逃	赶(～路)		闯	冲	爬
拿	送	取	抓	捞	拉
牵	拖	拽	抬	扛	搬
运	拔	捧	找	寻	抱
捉	拣(～柴火)		采	交	还
借	搞	买	弄	换	骗
哄	偷	抢	夺	寄	开(～汽车)
争取	搜集	带			

从语义上看，Vb类动词有一部分表示动作者位移，如"上、下、进、出、走、跑、奔、追、逃、赶(～路)、爬"等；有一部分则表示受动者的位移(如"送、拉、拖、拽、搬、运、交、还、买、偷、抢"等)；有一部分本身似乎并不表示事物位移的意思，如"抱、搞、写、抓、找"等，但这些动词在"V来了"里出现的时候就明显表示事物的位移。例如：

他把柴火抱来了。

你要的材料搞来了。

写来了两封信。

抓来了一个俘虏。

把他找来了。

显然，不管属哪种情况，Vb类动词都具有[＋位移]的语义特征。

如果我们把能使"V来了"形成连谓关系的动词V记为Vc，Vc＝V－(Va＋Vb)，Vc是一个开放的类，下面略举些例子：

吃	看	喝	敲	埋	洗	卖	睡……
休息	洗澡	聊天	跳舞	看病	帮忙		
祝贺	道歉	修理	汇报	玩儿	游泳		
送行	欢送	学习	表演……				

由于Vc是个开放的类,一下子不容易概括出这类动词所具有的语义特征。但是我们注意到,"Vc来了"里边"来"都表示动作者的位移,Vc都表示带有动作者位移目的性的行为动作。举例说,"他休息来了"是说他来这里的目的是为了休息,"我参观来了"是说我来这里的目的是为了参观。这就告诉我们,一个动词它所表示的行为动作能成为动作者位移的目的性行为动作,才能进入"Vc来了"格式,否则不能进入这一格式。如"笑"虽表示一种行为动作,但不能成为动作者位移的目的性行为,所以"笑"不能进入"Vc来了"格式,即没有"＊笑来了"的说法。据此,我们可以把Vc类动词的语义特征表示为[＋目的性行为]。

上述Va、Vb、Vc所具备的不同的语义特征可表示如下:

	[＋心理]	[＋位移]	[＋目的性行为]
Va	＋	－	－①
Vb	－	＋	－②
Vc	－	－	＋

至此可见,"V来了"所以能表示三种不同的语法关系,跟其中的动词V所具备的不同的语义特征有关。

表示述补关系的"Vb来了"其构造层次是"Vb来/了",表示连谓关系的"Vc来了"其构造层次是"Vc/来了",其理由都可以从这些结构本身的特点来加以说明。③ 表示述宾关系的"Va来了"其构造层次会有两种情况,一部分动词,如"同意、允许、要求、决定、请求、赞成、希望、反对"等(我们将这些Va动词记为Va-1),它

---

①② 事实上Va类和Vb动词里各有一小部分动词也具有[＋目的性行为]的语义特征,如Va里的"欢迎"、Vb里的"拿",因此"欢迎来了"和"拿来了"都是个有歧义的格式——"欢迎来了"既可表示述宾关系,也可表示连谓关系;"拿来了"既可表示述补关系,也可表示连谓关系。这里从略,详见《"V来了"试析》一文。

③ 详见《"V来了"试析》§3.1、§3.2。

们所构成的"Va_I 来了"其构造层次是:

I. Va_I 来/了(如"同意来/了""反对来/了")

另一部分动词,如"以为、认为、觉得、感到、看(=认为)、发现、证明、表明、说明"等(我们将这些 Va 动词记为 Va_{II}),它们所构成的"Va_{II} 来了"其构造层次是:

II. Va_{II}/来了(如"以为/来了""发现/来了")

"Va_{II} 来了"的构造层次为什么是"Va_{II}/来了",这可以从 Va_{II} 类动词的语法特点得到解释。① 但是"Va_I 来了"的构造层次为什么是"Va_I 来/了"似乎很难从这个结构本身加以说明。其实这跟其中的"来"所具备的语义特征有关。

现暂且撇开"Va_I 来了"结构,先比较下列甲、乙两组述宾结构:

甲	乙
同意买了	同意卖了
允许存了	允许扔了
要求修建了	要求拆了
决定画了	决定抹了
请求做了	请求烧了
赞成增加了	赞成删了
希望戴了	希望摘了
反对贴了	反对撕了

无论甲组或乙组,带的都是动词宾语,充任述语的动词都是 Va_I 动词。如果我们把充任宾语的动词记为 Vo,那么上面甲、乙两组例子从格式上来说都是"Va_I Vo 了"。但是我们看到,甲组只表示一种语法意义,乙组却能表示两种语法意义。试以"同意买了"

---

① 详见《"V 来了"试析》§3.4。

和"同意卖了"为例。"同意买了"只表示一种意思：原先不同意买，现在同意买了。这里的"了"表示变化。按此种意义，"同意买了"内部结构层次该是：

　　同意买/了

"同意卖了"则可以表示两种意思：(a)原先不同意卖，现在同意卖了。这时的"了"也表示变化。按此种意义，"同意卖了"内部构造层次是：

　　(a) 同意卖/了

(b)相当于"同意卖掉"。这时的"了"接近"掉"。① 按此种意义，"同意卖了"内部构造层次是：

　　(b) 同意/卖了

以上分析告诉我们，甲组"Va_-1Vo 了"只有一种构造层次，即"Va_-1Vo/了"；乙组"Va_-1Vo 了"有两种构造层次，即"Va_-1Vo/了"和"Va_-1/Vo 了"。甲、乙两组"Va_-1Vo 了"为什么会有上述区别呢？表面看似乎与"了"有关，但真正起决定作用的是作宾语的 Vo。稍微留意一下，不难发现，乙组里充任宾语的 Vo 动词"卖、扔、拆、抹、烧、删、摘、撕"都明显地含有[＋去除]的语义特征；而甲组里充任宾语的 Vo 动词"买、存、修建、画、做、增加、戴、贴"都不含有[＋去除]的语义特征。这就清楚地告诉我们，在"Va_-1Vo 了"格式里，如果 Vo 含有[＋去除]语义特征，就会有歧义，就可以有两种构造层次，如同"同意卖了"那样；如果 Vo 不含有[＋去除]语义特征，就只有一种意思，只有一种构造层次，如同"同意买了"。

现在再回过头来讨论"Va_-1 来了"的构造层次。"Va_-1 来了"显然属于"Va_-1Vo 了"述宾结构，而其中作宾语的"来"显然不具备[＋去除]的语义特征，可见"Va_-1 来了"当属于甲组"Va_-1Vo 了"。

---

① 参看吕叔湘主编《现代汉语八百词》"了"条，商务印书馆，1981年，北京。

上面已经分析指出,甲组"$V_{a_1}V_O$ 了"的构造层次只能是:

$V_{a_1}V_O$/了

因此"V_{a_1} 来了"的构造层次也只能是:

V_{a_1} 来/了

从上面所举的种种实例中,我们可以清楚地看到,语义特征分析使我们对句法格式的研究进一步深化了。它不仅对歧义句式进行了更严格的分化,而且也使我们认识到为什么不同意义的词在同一句式里出现能保证该句式表示一致的语法意义,又为什么在同一个句式里出现的词属同一个词类但还能表示不同的语法意义。因此,语义特征分析使我们的语法研究进一步实现了形式和意义的结合。

陆　语义格和语义指向

在上文贰里指出,现在语义格的观点已引入汉语语法研究之中。说到语义格,大家都知道这是由美国语言学家菲尔墨(C. J. Fillmore)提出来的。他在1966年发表了《关于现代的格理论》(*Toward a Modern Theory of Case*),1968年发表了《"格"辨》(*The Case for Case*),[①]1971年发表了《格语法的一些问题》(*Some Problems for Case Grammar*),1977年又发表了《再论〈"格"辨〉》(*The Case for Case Reopened*),创立了系统的格语法理论。菲尔墨所说的"格"与传统语言学中的"格"不同。传统语言学中的"格"是指某些屈折语中名词和代名词的形态变化,表示这些词在句子中与其他词之间的关系。如俄语有六个格——主格、属格、与格、宾格、工具格、前置格;德语有四个格——主格、宾格、与格、所有格。这种格一般称为"句法格",这是某些屈折语所特有的句法现象。而菲尔墨所说的"格"是指名词(包括代名词)跟动词(包括形容词)之间的及物性关系,其形式标志是介词或语序。菲尔墨先后提出过16种语义格:

施事格(Agent)

感受格(Experiencer)

工具格(Instrument)

[①] 《"格"辨》已有汉译本(胡明扬译),商务印书馆出版,2002年,北京。

客体格,亦称"受事"格(Object/Patient)

源点格(Source)

终点格(Goal)

使成格(Factitive)

范围格(Range)

处所格(Locative/Place)

时间格(Time)

行径格(Path)

与　格(Dative)

受益格(Benefactive)

伴随格(Comitative)

永存格(Essive)

转变格(Translative)

"格"语法理论介绍到中国来之后,立刻引起了汉语语法学界的兴趣,并加以吸收,来研究汉语中名词和动词之间的语义格。如孟琮等把名词与动词的格关系细分为14类:①

1. 受事(看书|小人儿书我看了)

2. 结果(做馅儿饼|鱼塘挖好了)

3. 对象(违反交通规则|他让裁判判了10分)

4. 工具(照镜子|左手拿纸,右手拿笔)

5. 方式(唱C调|草书写对联)

6. 处所(睡钢丝床|上层走汽车)

7. 时间(庆祝国庆|夜班由我值)

8. 目的(排电影票|电影票排着了吗)

---

① 参看孟琮等编《动词用法词典》,上海辞书出版社,1987年,上海;孟琮《关于主语的语义类》,载《语法研究和探索》(4),北京大学出版社,1988年,北京。

9. 原因(哭他姥姥｜一场病掉了十几斤肉)
10. 致使(热饭｜饭热好了)
11. 施事(来客人了｜客人来了)
12. 同源(唱歌儿｜澡还没有洗)
13. 等同(他是负责人｜鲁迅由他演)
14. 杂类(闹情绪｜打官司)

孟琮等编的《动词用法词典》里对每个动词所带的宾语都标明了格关系,这无论对语法研究还是语法教学都很有用处。

鲁川、林杏光根据汉语的特点,把"格语法"的说法,改为"格关系"的说法,他们认为,"所谓的'格语法'是个不能自足的语法体系,它既不研究偏正关系,也解决不了句子生成的排序问题(即安排'话题'和'焦点'的问题)"。他们还认为格关系有层级性,"格系统是一棵树"。在他们所设想的"格系统"里,先分六种体:

主体(Nominative)

客体(Accusative)

邻体(Dative)

方式(Means)

根由(Reason)

环境(Situation)

每一种体下分三个格:

主体:施事格、当事格、系事格。

客体:受事格、结果格、对象格。

邻体:与事格、伴随格、关涉格。

方式:工具格、凭借格、样式格。

根由:依据格、原因格、目的格。

环境:时间格、处所格、情况格。

每一个格再下分若干个"格标类"。如施事格分以下几个格标类:

1. "被"类：在他动词之前的结局造成者。如：那个碗"被/叫/让"他摔了。
2. "由"类：在他动词之前的任务承担者。如：这批货"由/归/让"他保管。
3. "ø"类：在他动词之前不能加"被/由"的，如：这件事他赞成；或在有意志的自动词之前后，如：那个犯人跑了。跑了一个犯人。

这样，总共分出46个格标类。①

鲁川、林杏光关于"格关系"的论述应该说比菲尔墨又进了一步。

汉语语法的特点之一是缺乏形态，注重意合（parataxis）。相关的句法成分之间往往包含着较大的语义容量和复杂的语义关系而基本上无形式标志。这样，就汉语来说，说明某个句法结构是主谓关系或述宾关系，这当然需要，但是仅仅做到这一步是不够的，还必须研究说明主谓之间或述宾之间复杂多样的语义关系。这正如吕叔湘先生曾指出过的，如果动词谓语句里出现一个或几个名词，它们跟动词的语义联系是多种多样的，这种语义联系决定它们在句子里的活动方式，因此仅仅把这个标为宾语，把那个标为主语，这是不够的，还必须查考这样的名词同时可以出现几个，各自跟动词发生什么样的语义联系，等等。② 显然，语义格的引入无疑使汉语语法研究更好地将语法的形式分析和语义分析结合起来，从而使我们对汉语语法作更全面的分析、描写。

这里需要进一步指出的是，我们不仅研究了名词与动词之间的格关系，还根据汉语的特点和汉语语法研究的需要引出了"语义

---

① 参看鲁川、林杏光《现代汉语语法的格关系》，载《汉语学习》1989年第5期。
② 参看吕叔湘《汉语语法分析问题》§75，商务印书馆，1979年，北京。

指向"的说法。例如"我吃苹果",从语义上看,我们说动词"吃"一方面是指向"我"(施事)的,一方面是指向"苹果"(受事)的。这还可以说是属于格关系的。下面的情况则不同。先看例子:

砍光了

砍累了

砍钝了

砍快了

砍疼了

砍坏了

从格式上看,以上各例都是"动+形+了"述补结构。但是补语成分在语义上是指向哪儿的?细分析会发现各不相同:

砍光了〔"光"指向"砍"的受事,如"树砍光了"〕

砍累了〔"累"指向"砍"的施事,如"我砍累了"〕

砍钝了〔"钝"指向"砍"的工具,如"刀砍钝了"〕

砍快了〔"快"指向"砍"动作本身,如"你砍快了,得慢点儿砍"〕

砍疼了〔"疼"在某种情况下指向"砍"的受事,如"把他的脚砍疼了";在某种情况下指向"砍"的施事的隶属部分,如:"砍了一下午,我的胳臂都砍疼了"。因此这是一个有歧义的结构〕

砍坏了〔"坏"在某种情况下指向"砍"的受事,如"把桌子砍坏了";在某种情况下指向"砍"的工具,如"我那把刀砍坏了"。因此这是一个有歧义的结构〕

显然,补语在语义上的指向已超出了格关系。我们称这种实词与实词之间的语义联系为语义结构关系,将句法结构中的某一成分(如上面例子里的补语)语义上的指向称为某成分的语义指向。

不仅提出了"语义指向"的说法,还开始研究造成某个成分不同语义指向的内在规律。举例来说,现代汉语里有这样一类句子:

(1)老李顺顺当当地通过了考试。

(2) 几千只眼睛亮晶晶地仰望着他。

(3) 她脆脆地炸了盘花生米。

(4) 剩下的那块肉随随便便地炒了个肉丝。

这些句子格式相同,可概括为:

$NP_1 + A + VP + NP_2$

(VP 代表动词性成分,NP_1 是指位于 VP 前面充任主语的名词性成分,NP_2 是指位于 VP 之后充任宾语的名词性成分,A 是指充任状语的状态形容词。)请注意例(1)—(4)各例中 A 的语义指向,这四句代表了四种不同的情况:

(a) 例(1)里的 A"顺顺当当地"在语义上指向 VP"通过";

(b) 例(2)里的 A"亮晶晶地"在语义上指向 NP_1"几千只眼睛";

(c) 例(3)里的 A"脆脆地"在语义上指向 NP_2"花生米";

(d) 例(4)里的 A"随随便便地"在语义上指向未在句中出现的"炒"的施事 NP_E(E 指空位,NP_E 指在句中没出现的 NP)。

"$NP_1 + A + VP + NP_2$"句式中 A 的不同语义指向其规律何在?张力军作了研究。[①]

他首先指出,格式中 A 的不同语义指向跟 A 本身的内部差异有关,例如:

他炸了盘花生米。

在上面这句话中进入不同的 A 便将产生不同的语义指向:

(5) 他早早地炸了盘花生米。

(6) 他喜滋滋地炸了盘花生米。

(7) 他脆脆地炸了盘花生米。

---

① 参看张力军硕士论文《论"$NP_1 + A + VP + NP_2$"格式中 A 的语义指向》(电子计算机打印本),又见《烟台大学学报》(社科版)1990 年第 3 期。

例(5)插入的 A 是"早早地",在语义上指向 VP"炸";例(6)、(7)插入的 A 分别是"喜滋滋地"和"脆脆地",都指向 NP,"喜滋滋地"指向 NP_1"他","脆脆地"指向 NP_2"花生米"。事实告诉我们,出现在"$NP_1+A+VP+NP_2$"格式里的状态形容词 A 可作如下分类:

$$\begin{cases} A_V \\ A_N \begin{cases} A_{Na} \\ A_{Nb} \end{cases} \end{cases}$$

A_V 指进入格式后在语义上只能指向 VP 的状态形容词,如:

紧紧地　快快地　稳稳地　慢慢地
死死地　轻轻地　严严地　早早地
准准地　重重地　远远地
赤裸裸地　慢吞吞地　慢悠悠地
安安稳稳地　笼笼统统地　扎扎实实地
仔仔细细地　认认真真地　对对付付地

A_N 指进入格式后在语义上只能指向 NP 的状态形容词。从意义上看,A_N 大致可以分为以下六小类:

(一)表示神情、表情的。如:

闷闷地、喜滋滋地、痴呆呆地、懒洋洋地、兴冲冲地、糊糊涂涂地、高高兴兴地

(二)表示心理、态度的。如:

恭恭敬敬地、敷敷衍衍地、客客气气地、马马虎虎地、随随便便地、痛痛快快地

(三)表示对人的评价的。如:

乖乖地、孤零零地、大大咧咧地、安安分分地、恩恩爱爱地、辛辛苦苦地

(四)表示物体之形状的。如:

细细地、薄薄地、圆圆地、硬邦邦地、鼓鼓囊囊地、毛毛糙糙

55

地、弯弯曲曲地

（五）表示物体的颜色的。如：

白白地、黑黑地、绿油油地、白花花地、黄澄澄地、红扑扑地

（六）表示物体其他方面的特征的。如：

稠稠地、脆脆地、嫩嫩地、酽酽地、光溜溜地、热乎乎地、湿淋淋地、亮晶晶地

从语法上看，（一）—（三）可归为一类，我们用 A_{Na} 表示，（四）—（六）可归为另一类，用 A_{Nb} 表示。A_{Na} 和 A_{Nb} 的共同点是，它们进入格式后都有可能指向 NP_1。例如：

A_{Na}：洛文痴呆呆地看着她们母女。

大林痛痛快快地掏出一包云烟。

他恭恭敬敬地递给司令一封信。

他乖乖地掏出五张拾元的票子。

A_{Nb}：那小路弯弯曲曲地穿过村庄。

那小麦绿油油地铺满了大地。

几千只眼睛亮晶晶地仰望着他。

A_{Na} 和 A_{Nb} 的差异在于：A_{Na} 进入格式后，可以指向 NP_E，但决不能指向 NP_2。例如：

他被客客气气地送出了门。

剩下的肉随随便便地炒了个肉丝。

密电立刻恭恭敬敬地呈给了总统。

A_{Nb} 则相反，进入格式后可以指向 NP_2，但决不可能指向 NP_E。例如：

他薄薄地烙了张饼。

没几天种子便嫩嫩地长出了新芽。

他稠稠地熬了一锅粥。

他圆圆地画了个圈儿。

上述区别可列如下表：

A的分类＼语义指向	NP_1	NP_2	NP_E	VP
A_V	—	—	—	＋
A_{Na}	＋	—	＋	—
A_{Nb}	＋	＋	—	—

A_{Na} 在格式中可指向 NP_1，也可指向 NP_E；A_{Nb} 在格式中可指向 NP_1，也可指向 NP_2，这其中的规律又在哪儿呢？

事实告诉我们，A_{Na} 和 A_{Nb} 在格式中的不同语义指向，取决于三方面因素：

（一）NP_1 和 NP_2 的意义类别（如是指人还是指一般事物）；

（二）VP 的类别（主要看 VP 与 A 有无致使关系，如"他脆脆地炸了盘花生米"里的动词"炸"与"脆脆地"之间有致使关系，"他兴冲冲地进了村子"里的动词"进"与"兴冲冲地"没有致使关系）；

（三）NP_1 与 V 之间的格关系（如 NP_1 是 V 的施事还是受事）。

为寻求 A_{Na} 和 A_{Nb} 在格式中的语义指向的规律，需根据上述三方面的因素分别对 NP_1、VP 和 NP_2 进行再分类：

NP_1 $\begin{cases} NP_{人施}：指人名词，与 V 是施动关系。\\ NP_{人受}：指人名词，与 V 是受动关系。\\ NP_{物施}：指物名词，与 V 是施动关系。\\ \quad（如"眼睛、手、脚、身体"等）。\\ NP_{物受}：指物名词，与 V 是受动关系。\end{cases}$

$VP \begin{cases} VP_a：与格式中的 A 有致使关系。\\ VP_b：与格式中的 A 无致使关系。\end{cases}$

$$NP_2 \begin{cases} NP_{人}:指人名词。\\ NP_{物}:指物名词。 \end{cases}$$

至此，A_{Na} 在格式中指向 NP 的具体规律可描写如下：

（一）格式中的 A_{Na} 处于下面三种条件下的任何一种，均指向 NP_1：

1. NP_1 为 $NP_{人施}$，VP 为 VP_b，整个格式为"$NP_{人施}＋A_{Na}＋VP_b＋NP_2$"，例如：

小红懒洋洋地干着活儿。

老伯爵客客气气地劝说着尼古拉。

老太太慌慌张张地放下包袱。

他气呼呼地拍着桌子。

他们三个兴冲冲地来到工地。

2. NP_1 为 $NP_{物施}$，VP 为 VP_b，整个格式为"$NP_{物施}＋A_{Na}＋VP_b＋NP_2$"，例如：

洛文的两眼痴呆呆地盯着那人。

老李的手乖乖地放回口袋里。

那人的双眼冷冷地看着那堆钞票。

敌坦克慌慌张张地开了几炮。

该报扭扭捏捏地承认了自己的愚蠢。

3. NP_1 为 $NP_{人受}$，VP 不论，整个格式为"$NP_{人受}＋A_{Na}＋VP＋NP_2$"，例如：

他糊糊涂涂地给送上了断头台。

这小子乖乖地让人砍掉了一个手指。

那匹马被乖乖地牵上了桩。

捣乱分子灰溜溜地给赶出了会场。

（二）格式中的 A_{Na} 处于下述条件指向 NP_E：NP_1 为 $NP_受$（不管是 $NP_{人受}$ 或 $NP_{物受}$），$NP_施$（不管是 $NP_{人施}$ 或 $NP_{物施}$）未在句

中出现,VP 为 VP_b,整个格式为"$NP_{受}+A_{Na}+VP_b+NP_2$",例如上文举到的"剩下的肉随随便便地炒了个肉丝",再如:

那男孩儿就爽爽快快地判给了母亲。
罢工代表被客客气气地引进了客厅。
那大车吃吃力力地被推出了淤泥地。
房子就这样马马虎虎地分给了他们。

A_{Nb}在格式中指向 NP 的具体规律可描写如下:

(一)格式中的 A_{Nb} 处于下面三种条件,均指向 NP_1:

1. NP_1 为 $NP_{物施}$,VP 为 VP_b,整个格式为"$NP_{物施}+A_{Nb}+VP_b+NP_2$",例如:

几千只眼睛亮晶晶地仰望着他。
稻穗儿沉甸甸地垂下了头。
泪水亮晶晶地包住了眼球。
烧焦的坦克、汽车黑乎乎地躺街上。

2. NP_1 为 $NP_{物受}$,VP 不论,整个格式为"$NP_{物受}+A_{Nb}+VP+NP_2$",例如:

带鱼、鸡、鸭都硬邦邦地冰在冷库里。
一个个圈儿圆圆地画黑板上。
泪珠亮晶晶地挂脸蛋上。
毛巾湿淋淋地扔给了他。

3. NP_1 为 $NP_人$(不论是施事、受事),VP 为 VP_b,整个格式为"$NP_人+A_{Nb}+VP_b+NP_2$",例如:

他就这样直挺挺躺地上了。
李逵赤条条地冲入官军阵中。
小偷被血糊糊地绑柱子上。
那水手被湿淋淋地扔甲板上。

(二)格式中的 A_{Nb} 在下述条件下指向 NP_2:NP_1 不论,VP 为

VP$_a$，NP$_2$ 为 NP$_{物受}$，整个格式为"NP$_1$＋A$_{Nb}$＋VPa＋NP$_{物受}$"，例如：

> 那和尚酽酽地沏了三杯茶。
> 她大大地包了一个包裹。
> 厨子给我们脆脆地炸了盘花生米，辣辣地做了两大碗担担面。
> 老李光溜溜地剃了个光头。
> 圆规在纸上圆圆地画了个圈儿。
> 这块布可肥肥大大地做件孕妇衫。

以上只是举一个例子，说明研究的深入。[①] 还有人探讨了副词"不"和"再"在句中的语义指向的规律，[②]也很有启发，限于篇幅这里不作介绍了。从上面举的实例中可以明白，"语义指向"的提出显然是受着语义格的影响的，但又不囿于菲尔墨的格语法理论，而是根据汉语的实际情况进一步发展出来的。

语义格的引进，"语义指向"的提出，推进了汉语语法研究，使我们的语法研究更好地实现了形式和意义的结合。

---

① 在张力军的论述中尚有不完善、不严密之处，主要表现在 A$_{Na}$ 指向 NP$_1$ 的"NP$_{人受}$＋A$_{Na}$＋VP＋NP$_2$"格式与 A$_{Na}$ 指向 NP$_E$ 的"NP$_受$＋A$_{Na}$＋VP$_b$＋NP$_2$"格式有重合现象，即当格式为"NP$_{人受}$＋A$_{Na}$＋VP$_b$＋NP$_2$"时，有可能指向 NP$_1$，如"他糊糊涂涂地给送上了断头台"；也有可能指向 NP$_E$，如"罢工代表被客客气气地引进了客厅"。

② 分别参看沈开木《"不"字的否定范围和否定中心的探索》，载《中国语文》1984年第6期；马希文《跟副词"再"有关的几个句式》，载《中国语文》1985年第2期。

柒　形式和意义的结合

从上面的介绍看,我们汉语语法研究中的一些理论和方法基本上是从国外语言学,特别是从美国语言学中借鉴来的,但又不是照搬,而是根据汉语语法研究的实际加以变通、改造和活用。其中极为重要的一点,那就是上面已提到的,我们比较注意形式和意义的结合,而非纯形式或纯意义的描写。

关于形式和意义的结合,朱德熙先生在一次小型语法沙龙会上带着开玩笑的语气说了这么一段话:"语法研究发展到今天,如果光注意形式而不注意意义,那只能是废话;如果光注意意义而不注意形式,那只能是胡扯。"这段话发人深思。

在语法研究中所谓形式和意义结合,不是说我们每研究一个问题,描写一种语法现象都必须形式、意义双管齐下,同时下手,事实上这是不大办得到的。我们所说的形式和意义的结合,指的是形式和意义要互相渗透、互相验证。具体说,我们可以从意义入手,也可以从形式入手,但无论从哪一方入手,都应力求从另一方去得到验证。这就是说,从意义入手,要力求在形式上得到验证,找到形式上的表现;从形式入手,要力求在意义上得到验证,找到意义上的依据。这种形式和意义上的互相渗透、互相验证,有时要反复进行。拿上文肆里所举过的例子来说,对于[A]式(如"台上坐着主席团")和[B]式(如"台上演着梆子戏"),我们首先从所表示的语法意义上抓到它们的不同:一个表示存在,表静态;一个表示活动,表动态。于是通过变换分析从形式上加以验证([A]式和

[B]式的变换式不同),然后又通过语义特征分析,发现[A]式里的动词 V_a 都具有[+附着]的语义特征,而[B]式里的动词 V_b 不具有这一语义特征,从而进一步又从意义上得到验证,说明[A]式和[B]式确实应严格分化为两种不同的句式。

下面再举个具体的实例。[①] 现代汉语里的疑问语气词一共提到以下四个:啊、吧、呢、吗。但到底哪个是疑问语气词,大家看法不一致。归纳起来有五种不同的意见,如下表所示:

	啊	吧	呢	吗
a	+	+	+	+
b	−	+	+	+
c	−	−	+	+
d	−	−	−	+
e	+	−	+	+

从表上看出,大家对"吗"没有意见分歧,都认为它是疑问语气词;对"啊、吧、呢",就有不同看法了。这里需要指出的是,不管是持哪种意见的,都没有正面说明理由。这样,现代汉语里到底有几个疑问语气词,就很值得研究讨论。

在研究讨论这个问题时,我们始终坚持形式和意义结合的原则,而不是仅仅根据语感。语感之所以不能作为判断的根据,因为一则语感常常会因人而异,二则语感容易诱导我们犯错误,把本来不是由句末语气词表示的某些语气硬归到那个语气词头上,或者相反,把本来是句末语气词表示的语气忽略掉了,不归到那个语气词头上。具体说,我们在判断一个出现在疑问句末尾的语气词是不是疑问语气词时,主要看它是否真正负载疑问信息,而这一点又需在形式上得到验证,验证的办法是比较——从疑问句和非疑问

---

① 该实例详见陆俭明《关于现代汉语里的疑问语气词》,载《中国语文》1984年第5期。

句,从这种疑问句和那种疑问句之间的最小对比中,来确定出现在疑问句末尾的语气词是否真正负载疑问信息。遵循上述分析原则,运用上述比较分析方法,我们对"吗""啊""呢""吧"逐个进行了细致的讨论。例如对"吗"是这样论证的:虽然大家都承认"吗"是疑问语气词,因为"吗"只在疑问句末尾出现,但我们还得追问:"吗"在疑问句中到底起不起负载疑问信息的作用?根据是什么?为要验证"吗"在疑问句中起负载疑问信息的作用,我们比较了不带"吗"的是非问句(用[A]表示)、带"吗"的是非问句(用[A′]表示)和非疑问句(用[C]表示)。句子是由两部分组成的:语段成分和超语段成分(即句调)。上述三种句子的语段成分和超语段成分分别是:

不带"吗"的是非问句,其语段成分是一个非疑问形式(用 W 代表),其超语段成分是"句尾趋升"的形式(简称"升调",用↗表示)。不带"吗"的是非问句[A]可表示如下:

[A]W+↗?(如"他也去?")

非疑问句,其语段成分也是一个非疑问形式 W,其超语段成分是"句尾趋降"的形式(简称"降调",用↘表示)。非疑问句[C]可表示如下:

[C]W+↘。(如"他也去。")

带"吗"的是非问句,其语段成分是一个非疑问形式加"吗",即"W+吗",其超语段成分有两个形式,一是降调,同[C];一是升调,同[A]。带"吗"的是非问句可表示为:

$$[A']\begin{cases}[A_1']W+吗+↘?(如"他也去吗?")\\ [A_2']W+吗+↗?(如"他也去吗?")\end{cases}$$

现在先比较[A]和[C]:

[A]W+↗?

[C]W+↘。

不难看出,由于[A]和[C]语段成分相同,均为非疑问形式W,因此(a)[A]的疑问信息显然是由"升调"负载的;(b)"降调"不负载疑问信息。

再比较[A_1']、[A]、[C]:

[A_1']W＋吗＋↓?

[A]W 　＋↑?

[C]W 　＋↓。

上文已经指出,[A]的疑问信息是由"升调"负载的,"降调"不负载疑问信息。通过上面的比较,我们不难发现,由于[A_1']的超语段成分跟[C]相同,是"降调",不跟[A]相同,因此[A_1']的疑问信息显然不是由句调而是由(也只能由)句末语气词"吗"所负载。这就证明"吗"确实是一个疑问语气词。

至于[A_2']里的"吗",我们没有根据怀疑它跟[A_1']里的"吗"的同一性。[A_2']和[A_1']是[A']的不同变体。在[A_2']里,事实上"吗"和"升调"都负载着疑问信息。从信息论的角度看,其中有一个是羡余的(redundant),但是从言语表达角度看,又并非是多余的,这可以起到加强疑问语气的作用。

下面再举对"啊"的论证。在论证之前先简要说一下疑问句的类别。现代汉语里的疑问句可分为两大类:

[A]是非问句;

[B]非是非问句,包括一般所谓的特指问句、选择问句和反复问句。

这两类问句如果不带句末语气词的话,则明显区别是,"是非问句"的语段成分是个非疑问形式,"非是非问句"的语段成分一定是个疑问形式(用 Q 表示,Q 或包含疑问代词,或是"(是)X 还是 Y""V 不 V""V 了没有"形式)。

现在来看出现在疑问句末尾的"啊"。"啊"可在"是非问句"末尾出现(如"他也去啊?"),也可以在"非是非问句"末尾出现(如"谁去啊?""你去广州,还是去上海啊?""他去不去啊?""他去了没有啊?")。现在我们先来分析一下出现在"是非问句"末尾的"啊"是否负载疑问信息。

带"啊"的是非问句(用[A″]表示),其语段成分是"W+啊",其超语段成分根据声学仪器的实验和我们的考察,跟上文讲的[A]一样,是"升调",因此[A″]可表示为:

$$[A″] W+啊+↑?$$

由于现代汉语中不存在句末带"啊"而句调为"降调"的是非问句,即:

$$*W+啊+↓?$$

因此,如果将[A″]跟[A]和非疑问句[C]比较:

$$[A″] W+啊+↑?$$
$$[A]\ W\quad\ +↑?$$
$$[C]\ W\quad\ +↓。$$

便不难发现,[A″]的疑问信息也跟[A]一样,是由"升调"所负载的,"啊"并不表示疑问语气,只表示说话人的某种态度或情感。

现在再来分析一下出现在"非是非问句"末尾的"啊"是否负载疑问信息。

我们知道,不带语气词的"非是非问句"[B]可以有"降调"和"升调"两种形式,即:

$$[B]\begin{cases}[B_1]Q+↓?\\ [B_2]Q+↑?\end{cases}$$

下列各"非是非问句"都既可用"降调",也可用"升调":

谁去?

你去广州,还是去上海?

他去不去?

他去了没有？

$[B_1]$由 Q 负载疑问信息，$[B_2]$由 Q 和"升调"负载疑问信息。带上"啊"后（我们把带上"啊"的"非是非问句"用$[B']$表示），仍然有"降调"和"升调"两种形式，即：

$$[B']\begin{cases}[B'_1]Q+啊+\downarrow？\\ [B'_2]Q+啊+\uparrow？\end{cases}$$

下列各带上"啊"的"非是非问句"都既可用"降调"，也可用"升调"：

谁去啊？

你去广州，还是去上海啊？

他去不去啊？

他去了没有啊？

比较$[B']$和$[B]$，不难肯定，"非是非问句"带上"啊"之后，并未增加疑问信息量，只是"语气和缓些"。因此，$[B']$跟$[B]$一样，$[B'_1]$的疑问信息是由 Q 负载的，$[B'_2]$的疑问信息是由 Q 和"升调"负载的。"啊"在这里跟在"是非问句"里一样，不表示疑问语气，只表示说话人的某种态度和情感。

总之，把"啊"看作疑问语气词缺乏根据，在形式上得不到验证。

用同样的原则和分析方法，验证了"呢"是一个疑问语气词；"吧"只能算是半个疑问语气词，它介乎疑问语气词和非疑问语气词之间，是一个表示"疑信之间"的语气词。

最后的结论是，现代汉语的疑问语气词只有两个半："吗""呢"和半个"吧"。整个论证贯彻了形式和意义结合的原则。

现在再举一个副词"还"的实例。[①] 副词"还"的意义很多，其中之一表示程度深，如"我比他还高"。一般辞书上都把这个"还"

---

① 该例详见陆俭明《"还"和"更"》，载《语言学论丛》第 6 辑，商务印书馆，1980年，北京。

跟"更"等量齐观,直接用"更"注释表示程度深的"还"。"还"和"更"在现代汉语里到底是不是完全等同?我们围绕下面五种句式比较"还"和"更"的用法,以期从形式上来求证"还"和"更"是否等同:

S_1:X 比 Y[　　]W。

S_2:X 比 Y[　　]W 了。

S_3:X 比 YW,X 比 Z[　　]W 了。

S_4:T_1X 比 T_0[　　]W 了。

S_5:XW_1,X[　　]W_2。

(S 代表句式,X、Y 和 Z 代表进行比较的项,[　　]表示"还"和"更"在句中所占的位置,W 代表谓词性成分,T_0 和 T_1 指一先一后的两段时间。)

通过比较分析,"还"和"更"在上述五种句式中的异同可列如下表:

句类	义类	更		还₁
S_1	1	S_1〔更〕:X(比 Y)′更 W	→ ←	S_1〔还〕:X 比 Y′还 W
	2	—		S'_2〔还〕:X 比′Y 还 W
S_2	3	S_2〔更〕:$(T_1)_a$X 比 Y′更 W(了)$_b$		—
	4	—		S'_2〔还〕:$(T_1)_a$X 比′Y 还 W(了)$_b$
S_3	5	S_3〔更〕: {X 比 YW,X 比 Z 更 W(了) {Y 比 ZW,X 比 Z 更 W(了)		—
S_4	6	S_4〔更〕: $(T_1)_a$X(比 T_0)$_b$ 更 W(了)$_a$	→ ←	S_4〔还〕:(T_1)X 比 T_0 还 W(了)
S_5	7	S_5〔更〕:XW_1,X 更 W_2		—

表中义类 1—7 含义分别如下:

义类 1,表示在同一时间里 X 在性质 W 上的程度超过 Y。例如:

小王比他更/还高。

他的技术比你更/还熟练。

义类2,表示比拟,即把Y作为一种衡量的标准来比拟、衬托X。例如:

那条蛇比碗口还粗。

他的胳臂肿得比大腿还粗。

义类3,表示X和Y程度上的差距在T_1时比在T_0时更大了。例如:

他比你跑得更快了。

小林比小蓉更懂事了。

义类4,表示在T_0里Y程度较高,X比不上Y,而到了T_1里,X在程度上超过了Y。例如:

这学期他比你跑得还快了。

小三儿比书架还高了。

义类5,表示三项比较,这三项在程度上是递进的,即X>Y>Z。例如:

长江比黄河长,(长江)比淮河就更长了。

黄河比淮河长,长江比淮河就更长了。

义类6,表示X在T_1时的程度超过了T_0时的程度。例如:

今年的茶叶产量比去年更/还高了。

现在小妹比小时候更/还逗人爱了。

义类7,表示递进。例如:

他不爱下棋,(他)更不爱打扑克。

我们要敢于斗争,(我们)更要善于斗争。

通过比较,从形式上验证了"还"和"更"并不等同,它们之间有相同之处(反映在义类1和义类6上),更有不同之处:"更"能用于三项比较,"还"只能用于两项比较(反映在义类5上);"还"能用于比拟,"更"不能用于比拟(反映在义类 2 上);"更"能用于递进,"还"不能用于递进(反映在义类 7 上);"更"能表示 X 和 Y 程度上的差距在 T_1 时比 T_0 时更大了,"还"不能(反映在义类 3 上);"还"能表示在 T_0 里 Y 程度较高,X 不如 Y,而到了 T_1 里,X 在程度上超过了 Y,"更"则不能(反映在义类 4 上)。

史有为的《关于"动+有"》一文,也充分贯彻了形式与意义相结合的原则。[①]

《现代汉语八百词》在"有"字条下的"表示领有"的义项和"表示存在"的义项下谈到过"动+有"(以下简称"V 有")这种组合,前者举了"著有""怀有",后者举了"刻有""写有""含有"。史有为在文章中首先认为"V 有"实际上有三类(而不是两类):

A 类:"V_a 有$_1$",如:

占有　留有(～财产)　著有　享有……

B 类:"V_b 有$_2$",如:

刻有　写有　附有　装有……

C 类:"V_c 有$_3$",如:

藏有　存有　怀有　收藏有……

一般认为"V 有"里的"有"只具有"领有"或"存在"两种义项。史有为在文章中综合运用变换分析和语义特征分析,根据形式和意义两方面的特点证实了"V_a 有$_1$"里的"有"确具有"领有"义,"V_b 有$_2$"里的"有"确具有"存在"义,而且还有力地证实了"V_c 有$_3$"里的"有"具有"领有—存在"义。试以"V_c 有$_3$"里的"藏有"为例。"藏有"既可以出现在表示领有的 S_1"N_1 V 有 N_2"句式里以及与 S_1 有变换关系的 P_1"V 有 N_2 的 N_1"格式里(N 表示名词,V 表

[①] 详见史有为《关于"动+有"》,载《语言学论丛》第 13 辑,商务印书馆,1984 年,北京。

示动词,下同)。例如:

S_1:他们藏有一些枪支。

P_1:藏有一些枪支的人

"藏有"也可以出现在表示存在的 S_2 "LV 有 N_2"句式里以及与 S_2 有变换关系的 P_2 "V 有 N_2 的 N_L"格式里(L 表示处所词语, N_L 是方位短语 L 去掉方位词后剩下的名词性成分)。例如:

S_2:山洞里藏有一些枪支。

P_2:藏有一些枪支的山洞

注意,"V_a 有$_1$"只能出现在 S_1 和 P_1 里,不能出现在 S_2 和 P_2 里,试以"著有"为例:

S_1:鲁迅先生著有《阿 Q 正传》。

P_1:著有《阿 Q 正传》的鲁迅先生

S_2:* 山洞里著有《阿 Q 正传》。

P_2:* 著有《阿 Q 正传》的山洞

反之,"V_b 有$_2$"只能出现在 S_2 和 P_2 里,不能出现在 S_1 和 P_1 里,试以"附有"为例:

S_2:书后附有笔划索引。

P_2:附有笔划索引的书

S_1:* 张三附有笔划索引。

P_1:* 附有笔划索引的张三

而"V_c 有$_3$"则既能出现在 S_1、P_1 里,又能出现在 S_2、P_2 里。这为什么呢?就因为"V_c 有$_3$"里的"有"具有"领有—存在"义。而这一点可以通过分析 V_c 所具备的语义特征来加以验证。就以"藏"为例,"藏"从语义格上说,可以有施事、受事、处所。施事、受事和处所可以同时出现,例如:

他们在山洞里藏有枪支。

山洞里他们藏有枪支。

也可以只出现施事和受事,例如:

> 他们藏有枪支。

也可以只出现处所和受事,例如:

> 山洞里藏有枪支。

值得注意的是,"藏"的施事和受事之间总具有领属关系(如"他们"和"枪支"之间有领属关系),"藏"的受事和处所之间总有附着关系。"藏"所具备的上述语义特征可表示如下:

V_c "藏" $[+\underline{\quad}(施⦰处),(受)]$

$[+领有](动:施→受)$

$[+附着](动:受→处)$

$N_1(施事)≒N_L(处所本体)$

((⦰)表示二者可以只出现一个,也可以同时都出现;"施→受"表示施事领有受事;"受→处"表示受事附着于处所。)

既然 V_c "藏"具有[+领有,+附着]语义特征,那就不可设想与之组合的"有$_3$"只具有"领有"义(如"有$_1$"那样),或只具有"存在"义(如"有$_2$"那样)。只有把"有$_3$"的义项分析为"领有—存在"义,才能最合理地解释 V_c "藏"和"有$_3$"的组合"藏有"。

这一时期的语法研究所以能在形式和意义的结合上大大向前跨了一步,这不能不说跟我们坚持加强用例调查,加强对语言事实的挖掘有关。在实际研究中,大家深深认识到,理论和方法都是从用例调查,从对语言事实的挖掘中产生的。没有用例调查,不对语言事实进行深入细致的挖掘,就不可能产生新的理论和方法;在用例调查不充分,对语言事实挖掘不深不细的基础上产生的理论和方法也必然带有先天的缺陷。[①]

我们看到,80 年代的语法研究同以前的研究相比较,从整个

---

① 参看林裕文《回顾与展望》,载《中国语文》1982 年第 4 期。

语法学界看，有一个很大的进步，那就是比较注重用例调查，重视对语言事实具体而又深入的挖掘，而不是只满足于分析句子六大成分，说明某个词能做什么成分，不能做什么成分，或者某个句子成分能由哪类词充任，不能由哪类词充任。现在都比较注意从形式和意义的结合上去深入细致地描写语言事实，说明问题。因此，这个时期的论著一般说来都比较充实，有深度。

捌　值得注意的理论和观点

这十年来，一方面由于坚持对语言事实具体而深入的挖掘，另一方面也由于在研究中有选择地吸收国外语言学理论和方法的同时，坚持根据汉语语法研究的实际加以变通、改造、活用，因此语法研究获得了可喜的成果。特别值得注意的是，这十年来提出了不少有价值的理论和观点。下面分别介绍。

一、词的语法功能是任何语言划分词类的本质依据[①]

关于汉语实词的划分应以词的语法功能（即词的分布）为依据，这一观点在朱德熙、卢甲文、马真1961年合写的《动词形容词名物化的问题》[②]一文里已明确提出来了。不过当时能接受这一观点的不多。到了80年代，大家不仅基本上都能接受这一观点，而且进一步从理论上指出，无论哪种语言，词的语法功能是划分词类最本质的依据。

关于划分词类的依据，以往（不管中外）提到过以下三方面：

1. 依据词的意义；
2. 依据词的形态；

---

① 有关本观点主要参看朱德熙《语法讲义》§3.1和《语法答问》贰"词类"。
② 该文载《北京大学学报·人文科学》1961年第4期。

3. 依据词的语法功能。

应该怎么认识这三方面的依据呢？

依据词的意义给词分类，这实际上是行不通的。词的意义有两方面，一是词汇意义，一是语法意义。如果按词的词汇意义给词分类，只能获得概念的类，不能获得语法研究和语法教学中所需要的词类，因为表示同类概念的词，语法性质不一定相同。例如"战争""打仗""战斗"意义差不多，都指武装冲突，可是"战争"是名词，"打仗"和"战斗"是动词；再如"红"和"红色""通红""鲜红"都表示颜色，但"红"是形容词，"红色"是名词，"通红"是状态词，"鲜红"是区别词。

那么能否根据词的语法意义来给词分类呢？从理论上说，按一定语法标准划分出来的各类词，各有相同的语法意义，如通常所谓的名词表示事物，动词表示行为动作或存在变化，形容词表示性质等。按理说，倒过来，按语法意义给词分类是可能的。但事实上是很难做得到的，原因就在于意义太复杂，我们很难把握住。因为就是语法意义，也有不同层面的语法意义。举例来说，所谓"事物"这一语法意义，就汉语来说就有多种层面的"事物"（而且都属于语法意义）。通常我们说，名词表示事物范畴，这是一层"事物"意义（我们不妨用[事物$_1$]表示）。在汉语里，"什么"指称事物，"怎么样"指称非事物（行为动作或性状），"什么"和"怎么样"的对立反映了事物与非事物之间的对立。可是我们看到，"什么"既能代替名词性成分，也能代替动词、形容词性成分。例如：

他在写什么？写信。[名]
他在看什么？看下棋。[动]
你在考虑什么？考虑怎么赢对方。[动]
他怕什么？怕冷清。[形]

可见，"什么"所表示的事物（我们不妨用[事物$_2$]表示）与名词表示的事物外延不同,内涵当然也不同了。这是又一层"事物"意义。再有,在汉语里大家都承认主语是话题,宾语是行为动作的对象,都表示事物。可是我们又看到,在汉语里"什么"能作主、宾语,"怎么样"也能作主、宾语。例如:

> 什么才算是好的?[主语]
> 怎么样才算是对的?[主语]
> 你在想什么?[宾语]
> 你准备怎么样?[宾语]

显然,汉语里主、宾语所表示的事物(我们不妨用[事物$_3$]表示),跟"什么"表示的事物又不一样。这是又一层"事物"意义。上述所表示的三种"事物"都属于语法意义的范围,就外延的大小看,[事物$_1$]的外延最小,[事物$_3$]的外延最大,即

$$[事物_1]<[事物_2]<[事物_3]$$

我们看到,汉语语法学界长期来之所以老觉得动词、形容词一作主、宾语就转成名词了,或名物化了,固然是受印欧语语法的影响,而更深一层的原因就在于没有认识到在语法意义范围内同是事物范畴,却还有多种不同层面的事物范畴,而误将主、宾语所表示的事物范畴跟名词所表示的事物范畴混同起来。"行为动作或存在变化范畴"和"性质范畴"也存在类似的不同层面。专门从事语法研究的人尚且难以把握好不同层面的语法意义,一般人就更掌握不了了。因此,从理论上说似乎可以根据词的语法意义来划词类,实际上是很难做到的。我们不得不放弃这一依据。

关于依据词的形态给词分类,对于像印欧语那样有形态标志和形态变化的语言来说,这是可行的。印欧语,不论英语、俄语、德语,一直就是根据词的形态来给词分类的。汉语没有严格意义的形态标志和形态变化,因此这条依据虽好,但就汉语来说,用不上。

对汉语来说,比较现实的,是根据词的语法功能来划分词类。

然而这决不是无可奈何的依据。这可从下面三方面来认识:

（一）从划分词类的目的看。早在50年代初期,吕叔湘先生就讲过这么一句话:"区分词类,是为的讲语法的方便。"[①]后来在《关于汉语词类的一些原则性问题》一文中,吕叔湘先生又重申了这个观点,又明确说:"为了讲语句组织,咱们分别'词类'。"[②]到70年代的《汉语语法分析问题》一书里,吕叔湘先生再次重申了这个观点。[③] 陈望道先生也曾指出,划分词类就是"为了研究语文的组织,为了把文法体系化,为了找出语文组织跟词类的经常而确切的联系来"[④]。吕叔湘、陈望道二位先生的观点是正确的,是实事求是的。我们划分词类确实就是为了研究语法、讲解语法。这里要明白的是,语言里的种种句法格式表面看都是许多具体词的序列,实质上都是词类的序列。例如"小王吃苹果"体现了"名＋动＋名"这样一种句法格式,这样一种词类序列。"小王吃苹果"只是"名＋动＋名"这种词类序列的一个实例。在这个词类序列里我们可以代入无数的词,造出无数的句子来。

既然划分词类是为了研究和讲解语句组织,而每个语句组织实质上都是一种词类序列,因此划分词类根据词的语法功能,即根据词在各种语句组织中的分布,这是理所当然的了。

（二）从词的组合关系和聚合关系看。任何语言里的词和词之间总存在着二维关系——词的组合关系和词的聚合关系（亦称配置关系和会同关系[⑤]）。如下图所示:

[①] 吕叔湘、朱德熙《语法修辞讲话》第一讲·三"词类",中国青年出版社,1952年,北京。
[②] 吕叔湘《关于汉语词类的一些原则性问题》,载《中国语文》1954年第9期。
[③] 参看吕叔湘《汉语语法分析问题》§34,商务印书馆,1979年,北京。
[④] 参看陈望道《文法简论》第四章,上海教育出版社,1978年,上海。
[⑤] 参看陈望道《文法简论》第四章·二·4。

	组	合	关	系	
聚	才 吃	两	个	苹果	
合	只 买	三	只	香蕉	
关	刚 招	五	位	研究生	
系	的确 教	一	门	课	
	已经 请	三	位	教师	
	正在 写	一	篇	文章	
	再 租	一	所	房子	
	……				
	A B	C	D	E	

横里的关系是组合关系,纵里的关系是聚合关系。词和词按一定句法规则构成句法结构,这体现了词的组合关系;句法结构就是词的组合关系的产物,是词的组合物。将同一组合关系里处于相同语法地位的词归为一类(如上面图表里所归出的 A、B、C、D、E 各类),这体现了词的聚合关系,词类就是词的聚合关系的产物,是词的聚合物。具有相同语法功能的词总是聚合成类,供组合选择;而词的聚合关系又总是以词的组合关系为前提。

从词与词之间所存在的二维关系里可以清楚地看到,词类确实是按照词在句法结构中所起的作用(即词的语法功能)所分出来的类。既然如此,划分词类当然应以词的语法功能为依据。

(三)依据词的形态分类,实质上是依据词的语法功能分类。"譬如英语用后缀 s(实际语言形式是-s、-z、-iz)表示名词复数。我们可以根据这一点来确定英语的名词一类。这看起来是根据形态分类,实际上仍旧是根据功能。因为凡是能加表示复数的后缀 s 的词在句子里的语法功能是一致的。而且正因为这样分出来的类才是有价值的。要是根据形态分出来的类并不能反映句法功能,这种分类就没有意义。""另外一方面,即使在印欧语里,也有少数词没有形态标志,例如英语的名词 sheep(羊)后边不能加表复数的后缀,可是讲英语的人仍旧把这些词归入名词。这个时候就是根据句法功能来确定词类的。总之,我们能够根据形态划分词类,是因为形态反映了功能。形态不过是功能的标志。"①

(四)依据词的语法功能划分出来的词类,在意义上也有一定的共同点。

总之,划分词类的依据只能是词的语法功能,用陈望道先生的话来说,"词类区分的基本原则是依据词在组织中显示的功能"②。而朱德熙先生则进一步指出,这一点对汉语来说是这样,"对于别的语言也一样适用"③。因此说,任何一种语言,划分词类最本质的依据,都是词的语法功能。

二、汉语词类与句法成分是一对多对应④

在上文叁里我们已经提到,在印欧语里,由于有形态,词类和句法成分之间可以有一种简单的一一对应的关系。拿英语来说,大致动词跟谓语对应,名词跟主语、宾语对应,形容词跟定语对应,副词跟状语对应,就像下边的图式所表示的那样:

传统的汉语语法学一方面根据意义定词类,另一方面硬搬印欧语

---

① 见朱德熙《语法答问》12 页。
② 见陈望道《文法简论》第四章·二·2。
③ 同上 11 页。
④ 本观点主要参看朱德熙《语法答问》壹,商务印书馆,1985 年,北京。

的说法，简单地把汉语的词类也与句法成分一一对应起来，认为作主、宾语的是名词，作谓语的是动词，作定语的是形容词，作状语的是副词。一旦发现动词、形容词出现在主、宾语位置上就认为这些动词、形容词转成名词了，或说"名物化"了。这种分析其实并不符合汉语的实际。前面已经指出，汉语与印欧语有着类型学上的区别。拿动词来说，在印欧语里，如在英语里，动词是不能直接作主、宾语的，动词只有通过构词手段或句法手段转化为名词性成分之后，才能在主、宾语位置上出现。换句话说，表示同一动作意义的词，出现在谓语位置上跟出现在主、宾语位置上，形式就不一样：在谓语位置上只能用动词的限定形式（finite verb），而在主、宾语位置上或是用动词的不定形式（infinitive），或是用动词的分词形式（participle），或是用动名词形式（gerund），或是干脆在动词后面加上名词后缀-ation，-ment 之类使之转化为名词（注意，动词不定式、动词的分词形式、动名词在印欧语里都属于名词范畴）。汉语则不一样，汉语的动词、形容词无论是作谓语还是作主、宾语，都是一个样子，意义、形式上都没有区别。这就不好说它们词性有了变化。再说，假定汉语里的名词能百分之百的作主、宾语，动词、形容词只有少量能作主、宾语，那么未尝不可以考虑当这少量的动词、形容词作主、宾语时，我们把它们看作转成名词了或名词化了。然而实际情况又不是那样。事实上汉语里的名词也并不是百分之百都能作主、宾语，①而动词、形容词 80％以上能作主、宾语。在这种情况下，硬说动词、形容词出现在主、宾语位置上时就转成名词了，或名词化了，这显然就不合适。

事实告诉我们，汉语的词类与句法成分是一对多对应的，大致

---

① 像"公敌""报章""高龄"就不能单独作主语、宾语；另外像由"动＋头"构成的名词，如"吃头、看头、想头、玩儿头"等，都不能单独作主语。

可图示如下:

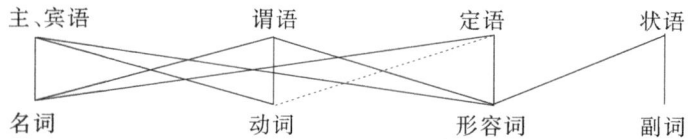

(动词与定语之间的虚线表示有部分动词也能直接作定语,这主要是名动词。①)

由于汉语词类没有形态标记和形态变化,不管出现在什么位置上,都是一个形式,这就造成了汉语词类多功能的现象。因此汉语词类与句法成分一对多对应,这是汉语的实际情况。在汉语语法研究中树立这一观点,对研究、描写汉语语法无疑是有益的,起码可以使我们的描写更加简明一些。

三、汉语句子的构造原则同词组的构造原则基本上是一致的②

关于汉语句子的构造原则同词组的构造原则基本一致的思想,在郭绍虞的《汉语语法修辞新探》一书里就有了。书中说:

> 汉语的构词法和造句法是基本一致的。中间还有词组一级,它的结构形式也是与之基本一致的。③

不过真正从理论上来阐明"汉语句子的构造原则跟词组的构造原则基本上是一致的"这一观点的是朱德熙先生。他在《语法答问》一书里是把这一点作为汉语语法的一个特点提出来的,并进行了

---

① 参看朱德熙《语法讲义》§5.5。
② 本观点主要参看朱德熙《语法答问》。
③ 参看郭绍虞《汉语语法修辞新探》(上)上编第一章和下编第二章第3小节,商务印书馆,1979年,北京。

透辟的论述。这里不妨照录如下:

> 这个特点(指"汉语句子的构造原则跟词组的构造原则基本上是一致的"这一特点——引者)也是跟印欧语相比才显出来的。印欧语里句子的构造跟词组的构造不同。拿英语来说,句子(sentence)的谓语部分必须有一个限定式动词(finite verb)充任的主要动词(main verb)。词组(phrase)里是不允许有限定式动词的,词组里要是有动词的话,只能是不定形式(infinitive)或者分词形式(participle),不能是限定形式。包孕在句子里头的子句(clause)跟独立的句子一样,也由限定式动词担任谓语。总之,句子和子句是一套构造原则,词组是另一套构造原则。举例来说:
>
> (11) He flies a plane.(他开飞机。)
> (12) To fly a plane is easy.(开飞机容易。)
> (13) Flying a plane is easy.(开飞机容易。)
>
> 在(11)里,flies 在谓语位置上,用的是限定形式。在(12)和(13)里,to fly a plane 和 flying a plane 在主语位置上,分别用不定形式和分词形式。汉语的情形不同,动词和动词结构不管在哪里出现,形式完全一样。(11)—(13)里的 flies a plane, to fly a plane, flying a plane 用汉语说出来都是"开飞机"。汉语的句子的构造原则跟词组的构造原则的一致性还特别表现在主谓结构上。汉语的主谓结构独立的时候相当于英语的句子,不独立的时候相当于英语的子句。按英语语法的观点来看,它是和词组相对立的东西。汉语的主谓结构实际上也是一种词组,跟其它类型的词组地位完全平等。它可以独立成句,也可以做句法成分。①

---

① 朱德熙《语法答问》7—8页。

从朱德熙先生的这段论述里,我们可以体会到,所谓句子的构造原则跟词组的构造原则基本上是一致的,具体就体现在:

(一)在汉语里,动词没有定式不定式的区别,"主语—谓语"不作为句子的模式,任何词组,不管是主谓词组还是述宾词组、述补词组、偏正词组、联合词组、复谓词组,只要附带上超语段成分(句调),即只要能单独站得住,就是句子。在印欧语里作为一个句子,一定有个定式动词(finite verb),在定式动词前面一定有一个名词性成分,那名词的人称、数,甚至性对定式动词取什么样的"式",起着很重要的影响。这样,"名词性成分+定式动词"就构成了印欧语中"主语—谓语"这个句子的基本模式。

(二)在汉语里,主谓结构与其他结构(诸如述宾、述补、偏正、联合、复谓结构等)地位完全平等,处于独立地位时是句子,处于被包含状态时是充任句法成分。在印欧语里,由于"主语—谓语"是句子的基本模式,所以主谓结构与其他结构是对立的。因此,跟印欧语相比较而言,主谓结构可以作谓语这是汉语语法的一个明显的具体特点。

树立"句子的构造原则跟词组的构造原则基本上是一致的"观点,可以使汉语语法的描写与表述具有简明性。

四、汉语语法研究应以词组为本位[①]

印欧语是屈折语,这种类型的语言主要特点是依靠词的内部屈折和外部屈折来形成词的语法形式,以表示一定的语法意义。所谓"内部屈折"是指替换词根中的某些音位,以达到表示某种语法意义的目的。例如在英语里,foot 和 feet 都是"脚"的意思,前

[①] 本观点主要参看朱德熙《语法答问》陆"汉语语法体系"。

者是单数,后者是复数。显然,在这里"数"的范畴是由词根内部的元音 oo 和 ee 的交替来表示的。类似的例子如:

	单数	复数
牙齿	tooth	teeth
鹅	goose	geese

所谓"外部屈折"一般是指变化词尾的音位,以达到表示某种语法意义的目的。例如在俄语里,рука 和 руки 都是"手"的意思,前者词尾为 -а,表示阴性、单数、主格;后者词尾为 -и,表示阴性、复数、主格。显然,在俄语里名词词尾由-а 变化为-и,性、格不变,但数变了,由单数变为复数。类似的例子如:

	单数	复数
橱窗	витрина	витрини
河	река	реки

屈折语的这一特点,决定了在屈折语(如英语、俄语)里不仅各类词各有一定的形态标志,而且有不同的形态变化,以表示不同的语法意义和语法功能。这样,印欧语的词所具备的形态标志和词入句以后的形态变化就体现了该语言的语法(句法),换句话说,印欧语语法(句法)的各种要点基本上都在词的形态标志和形态变化上表现出来。掌握好了各个词的形态标志和形态变化,也就基本上掌握好了语法。例如俄语,我们掌握了它的各类词所特有的形态标志和词入句后的形态变化(如动词的变位,名词、形容词的变格),也就基本上掌握了俄语的语法。因此一般说印欧语语法书都以词类为本位来表述语法事实和语法规律。

《马氏文通》是我国第一部系统描写汉语语法的著作,但它是模仿拉丁语语法写成的,采用的就是"词类本位"的语法体系。黎锦熙的《新著国语文法》是我国第一部白话文汉语语法著作,该书大胆地破除了"词类本位"的语法体系,指出"仅就九品词类,分别汇集一些法式和例证,弄成九个各不相关的单位,是文法书最不自然的组织,是研究文法最不自然的进程",因此"模仿从前西方 Grammar 的'词类本位'的文法组织,非打破不可了"。① 可见《新著国语文法》提倡"句本位",是把它作为研习语法的一种新潮提出来的。在全书开头的第一段话便是:

> 诸君知道近来研习文法的新潮吗?简单说,就可叫做"句本位"的文法。②

"句本位"语法的基本要点是什么呢?纵观《新著国语文法》可知:

1. "从句子的研究入手",以句子为基点进行句法分析,具体说就是把一切句法分析都附丽在句子的模型上进行。

2. 句子以"主语—谓语"为模式,把主语、谓语看作句子的主要成分,把宾语、补语、状语看成是附属在谓语上的东西,把定语看成是附属在主语、宾语上的东西。

3. 根据意义定词类,将词类与句子成分对应起来——作主语、宾语的是名词,作谓语的是动词,作定语的是形容词,作状语的是副词。

4. 采用句子成分分析法,即中心词分析法。

自《新著国语文法》以来,"句本位"语法一直在汉语语法研究和汉语语法教学中占主导地位。

面对"词类本位"语法提出"句本位"语法,本意是好的,想根据汉语的特点对汉语语法研究进行革新。但是应该看到,"句本位"语法也是从印欧语来的,而且跟"词类本位"语法没有实质性的差别。要知道,"以句子为基点描写句法是印欧语语法书一贯的做法。不但传统的印欧语语法如此,就连现代新兴的语法理论如转

---

① 黎锦熙《新著国语文法》"引论",商务印书馆,1924年,上海。
② 同上。

换生成语法、格语法(case grammar)等等也是如此。这是因为印欧语的语法构造允许——或者说是宜于——采取这种描写方法"。① 事实上以句子为基点所描写的语法往往表现为详细描写各类词的形态标志和形态变化。因此"句本位"语法与"词类本位"语法本质上是一样的。

"句本位"语法是否符合印欧语语法，我们姑且不论，这里需要指出的是"句本位"语法并不符合汉语语法的实际。最明显的是，正如上文已经指出过的，汉语的词类与句法成分并不是简单的一一对应关系，汉语的句子构造原则与词组的构造原则基本上是一致的，因此用"句本位"语法来描写汉语语法不可避免地会出现种种矛盾和弊病。举例来说：

(1) 他在种花。
(2) 种花是一项有益的活动。

如果我们尊重汉语事实，应该承认例(1)里的"种花"和例(2)里的"种花"是一个东西，只是所处位置不同。理由是：(a)形式一样，不管是语音形式或语法形式都毫无区别；(b)意义完全相同。可是按"句本位"语法，例(1)里的"种花"和例(2)里的"种花"被看作不同的东西——例(1)里的"种花"不是词组，它被"熔解"为句子成分谓语和宾语；例(2)里的"种花"是词组，作句子的主语。上面说了，"句本位"语法是采取句子成分分析法，即中心词分析法，按这种分析原则是不承认词组可以作句子成分的。那为什么又承认例(2)里的述宾词组"种花"作主语呢？那是不得已而承认的，是作为例外承认的。那为什么又承认有例外呢？需知主谓结构是离心结构，是找不出中心词来的；联合结构是多核心结构，也是没法提取中心词的。因此碰到这两类结构作句子成分时只好承认是词组。

---

① 朱德熙《语法答问》70页。

至于承认主语、宾语、定语位置上的动词结构是词组,那是因为这几种位置上的动词结构前边没有主语,不能说里头的动词是谓语。拿例(2)来说,"种"不能熔解为句中的谓语,"花"也不能熔解为句中的宾语,这"种花"是"整个儿地充当句中主语的名词性动宾短语"。[①] 这样"熔解"的说法就用不上,不得已只好承认词组做句子成分。可见在"句本位"语法里,谓语位置上的动词性结构跟主、宾语位置上的动词性结构有两方面的区别:第一,谓语位置上的动词性结构"熔解"为句子成分,主、宾语位置上的动词性结构是词组;第二,谓语位置上的动词是真正的动词,主、宾语位置上的动词性结构都名词化了。其实这种区别毫无依据,完全是凭空设想的。其结果是,(a)明明是相同的词组,却有时说成"熔解"为句子成分了,有时则又承认是词组;(b)承认词有定类,但又认为词入句后有时会转化,于是只能"依句辨品,离句无品"。从上可以看出,"句本位"语法里,词组、句子成分、词类、中心词等基本概念之间是极不协调的,产生种种矛盾。为了解决这些人为的矛盾,就想出"词组熔解""词类转化"等说法,等到这些说法也无能为力时,就又只好承认例外。因此"句本位"语法"缺乏严谨性,同时也缺乏简明性",[②]也非打破不可。

朱德熙先生针对"句本位"语法的弊病和弱点,又结合汉语语法的特点,提出了"词组本位"语法。"词组本位"语法的基本要点是:

(1) 以词组为基点进行句法分析。

(2) 把词和词组之间的关系看作是一种组成关系(composition),即部分和整体的关系——词是部分,是组成成分;词组是整

---

① 参看黎锦熙《汉语语法的科学体系和学科体系》,载《北京师范大学学报》1957年第2期。

② 参看朱德熙《语法答问》73页。

体,是由词组合成的句法结构。

（3）把词组和句子之间的关系看作是一种实现关系（realization）,即抽象的句法结构和具体的"话"之间的关系——词组是抽象的不附带有超语段成分(即句调)的句法结构；句子是具体的附带有超语段成分的"话"(一种表述单位)。

（4）把所有的句子都看成是由词组附带上超语段成分形成的（独词句是一种特例,可以解释为是由项数为1的词组,即"词＋Ø"或"Ø＋词"形成的）。

（5）根据词在词组里的分布定词类——不是根据词的某一项功能定类,而是根据分布的总和定类。

（6）承认层次性是句法构造的基本特性,因此采取层次分析。

"词组本位"语法是基于汉语语法的下列特点提出来的：

（1）汉语缺乏形态；

（2）汉语词类跟句法成分之间不存在简单的一一对应关系,而是一对多的对应关系；

（3）汉语句子的构造原则跟词组的构造原则是基本一致的。

"词组本位"语法的好处是具有严谨性和简明性,起码跟"句本位"语法相比较是这样。这一点朱德熙先生作了精辟的说明：

第一,因为是以词组为基点描写句法,词组的结构和功能讲清楚了,句子的结构基本上也就讲清楚了。用不着分两套来讲。

第二,词组不论在什么语法位置上出现,结构和功能都不变。不像"句本位"语法体系那样需要用词组的"熔解"和"词类转化"之类的说法来弥补矛盾。

第三,分析句子的结构的时候,层次关系和结构关系都明确而且清楚。①

---

① 见朱德熙《语法答问》77页。

五、在由实词和实词组合的句法结构中总是同时并存着两种结构关系:语法结构关系和语义结构关系[①]

50年代语法学界曾进行过一场关于汉语主语、宾语问题的大讨论。"台上坐着主席团"成了当时讨论的一个典型例句。这句话里边到底哪个是主语,哪个是宾语？有人认为"主席团"是主语,是后置主语,"台上"是状语;有人则认为"台上"是主语,"主席团"是宾语。表面看这是两种标准的争论:一种以意义为标准,即以施事、受事定主语、宾语;一种以形式为标准,即以位置先后确定主语、宾语。其实这两种看法都有合理之处,可惜当时各执一端,没有统一起来。到了80年代,这个问题清楚了。原来,在由实词和实词组合的句法结构中总是同时并存着两种不同的结构关系:语法结构关系和语义结构关系。例如"小王吃苹果","小王"和"吃苹果"之间是主语、谓语的关系,"吃"和"苹果"之间是述语、宾语的关系——这是一种关系,这种关系我们称之为语法结构关系;从语义上看,"小王"和"吃"之间是施事和动作的关系,"吃"和"苹果"之间是动作和受事的关系——这又是一种关系,这种关系我们称之为语义结构关系。这是两种不同性质的结构关系,它们在句法结构里是同时并存的。这两种同时并存而性质不同的结构关系总是同时影响着句子意思的表达。"客人来了"跟"来客人了",就语义结构关系看二者相同,都包含着施事和动作的关系;从语法结构关系看二者不同,前者是主谓结构,后者是述宾结构。"客人来了"和

[①] 本观点参看陆俭明《汉语口语句法里的易位现象》§7,载《中国语文》1980年第1期;吕叔湘《狙公赋芧和语法分析》,载《语法研究和探索》(二)。

"来客人了"意思上的差别就是由语法结构关系的不同造成的。再看,"菜不吃了"没有歧义,"鸡不吃了"就有歧义:既可理解为"鸡不吃食了",也可理解为"不再吃鸡了"。为什么"菜不吃了"没有歧义,"鸡不吃了"有歧义呢?"菜不吃了"和"鸡不吃了"虽然都是主谓结构,但"菜不吃了"只包含一种语义结构关系(受事和动作的关系),而有歧义的"鸡不吃了"包含着两种可能的语义结构关系(施事和动作的关系或受事和动作的关系)。这足见语义结构关系对句子意思的影响。可见,上述两种结构关系都很重要,我们对它们都得注意,都得进行描写。

根据上述的观点再回过头来看50年代争论的句子"台上坐着主席团",就一切都清楚了。就语法结构关系说,"台上"是主语,"坐着主席团"是谓语,其中"坐着"是述语,"主席团"是宾语;就语义结构关系说,"坐"和"主席团"之间是动作和施事的关系,"台上"表明处所。那么把"台上"分析为主语有没有根据呢?有根据,那就是从大的结构类型上来说,"台上坐着主席团"跟"小王吃着苹果"是一样的,都是主谓结构,这明显表现在它们有相同的变换。请看:

T_1:小王吃着苹果──是不是小王吃着苹果
　　　台上坐着主席团──是不是台上坐着主席团
T_2:小王吃着苹果──小王是不是吃着苹果
　　　台上坐着主席团──台上是不是坐着主席团
T_3:小王吃着苹果──如果小王吃着苹果,……
　　　台上坐着主席团──如果台上坐着主席团,……
T_4:小王吃着苹果──小王如果吃着苹果,……
　　　台上坐着主席团──台上如果坐着主席团,……

现在看来,50年代的争论实际上是由于当时人们不认识这两种不同性质的结构关系,而把它们混为一谈所引起的。

关于这两种结构关系,还要注意这样三点:

(一)语法结构关系和语义结构关系不存在一对一的对应关系。

(二)同一种语法结构关系可以表示多种不同的语义结构关系。就因为这样,语言里边存在着大量同形句式(或称歧义句式),如"鸡不吃了""我在屋顶上发现了他""山上架着炮"等。

(三)同一种语义结构关系可以通过多种不同的语法结构关系来表示。就因为这样,语言里边存在着大量同义句式,如"客人来了"和"来客人了","用水浇了花"和"花儿浇了水"等。

在语法研究中树立两种并存的结构关系的观点,将会使语法的静态描写更加完美。

六、关于黏合和组合的观点[①]

对于句法结构,一般或根据内部结构关系的不同分成主谓结构、述宾结构、述补结构等,或根据整个结构的语法性质的不同分成体词性句法结构、谓词性句法结构等。80年代出现了一种新的分法,那就是根据结构的构成成分的不同将句法结构分为黏合式和组合式两类。举例来说,述宾结构可以分黏合式和组合式两类。由单独的动词(不带补语或后缀)和单独的名词(不包括代词)组成的述宾结构是黏合式;凡不符合上述条件的述宾结构是组合式。例如:

黏合式	组合式
吃饭	吃完饭
开会	开两个会

[①] 本观点主要参看朱德熙《语法讲义》§8.3、§9.2、§10.7。

买票	买了一张票
说话	说着话
上课	上两节课
打人	打他
提问题	提了些问题
参观展览会	参观过展览会

述补结构也可以分成黏合式和组合式两类。黏合式述补结构指由单词充任补语而且直接黏附在述语后头的格式,组合式述补结构是指带"得"的或补语不是由单词充任的述补结构。例如:

黏合式	组合式
抓紧	抓得紧
写完	写不完
洗干净	洗得很干净
说清楚	清楚极了
送上	送不上
拿去	拿不去
写下	写得下
走回去	走得回去
拉过来	拉不过来

偏正结构也可以分成黏合式和组合式两类。由单个名词、区别词、形容词直接(即不带"的"字)作定语的偏正结构是黏合式,由"的"字结构、数量词、状态词充任定语的偏正结构和表示领属关系的偏正结构是组合式。例如:

黏合式	组合式
木头房子	木头的房子
纸箱子	纸的箱子
金手镯	金的手镯

彩色电视机　　小小的房子
干净衣服　　　干干净净的衣服
新房子　　　　一所房子
老实人　　　　这所房子
　　　　　　　我（的）弟弟
　　　　　　　小张的衣服

就内部结合的紧密程度来说，黏合式超过组合式，因此黏合式类同于一个词。

建立黏合、组合的观念，可以更好地描写说明一些语法规律。举例来说，述宾结构一般不能直接作定语，要作定语得带上"的"，例如：

买了鞋的人（*买了鞋人）
上过课的教员（*上过课教员）
卖着菜的姑娘（*卖着菜姑娘）
看完电视的时候（*看完电视时候）
招收这批研究生的办法（*招收这批研究生办法）
开全校师生大会的地点（*开全校师生大会地点）

但是有例外，例如：

买鞋人
上课教员
卖菜姑娘
看电视时候
招收研究生办法
开会地点

例外的规律在哪里？就是只有黏合式述宾结构可以直接作定语。再举个例子，关于定语的次序问题，过去讨论得很多，一般都谈得很复杂。《现代汉语语法讲话》算是讲得比较简单的，现不妨摘录

如下：①

　　……应该首先说明的是，指示代词和数量词（常常合在一块，但也能拆开来放在两处）可以有各种位置，但不能在下面所说的(2)之前，也不能在(6)之后（在例句里用空括号来表示）。别种修饰语的一般的次序是：(1)领属性修饰语在最前头，其次是(2)处所词和时间词，可以互为先后。例如：

　　他(1)上学期的(2)成绩不好。

　　这是我们(1)外交上的(2)大胜利。

　　他们认识到朝鲜战场上(2)两年来的(2)变化。

　　他们认识到两年来(2)朝鲜战场上(2)变化。

其次是(3)主谓结构，(4)动宾结构、动补结构、动词带修饰语，(5)形容词，例如：

　　《骆驼祥子》是老舍写的(3)一部（　）叙述一个洋车夫的一生的(4)小说。

　　这是别处不大容易吃得着的(4)一种（　）特别细巧的(5)点心。

　　我望着我面前的(2)这个（　）身材高大(3)、健康而爽朗的(5)工人，不知道说什么好。

又其次是(6)非领属性的名词，(7)不用"的"字，直接黏附在中心语前头的形容词或名词，例如：

　　买了一张长方的(5)硬木(7)桌子。

　　买了一张硬木头(6)长方(7)桌子。

　　她一边说话一边脱下身上(2)那件（　）新制的(4)翠绿的(5)假毛葛(7)驼绒(7)旗袍。

上面关于定语次序的说明还是比较繁复的。如果运用偏正结构黏

---

① 见丁声树等著《现代汉语语法讲话》§6.1。

合式和组合式的观点来考虑这个问题,定语的次序可以归纳为极简单的规律:黏合式偏正结构可以替换组合式里的名词,也可以替换黏合式里的名词,例如:

新的房子——→新的木头房子

我的房子——→我的木头房子/我的新房子

新房子——→新木头房子

棉布衣服——→棉布新衣服

而组合式偏正结构只能替换组合式里的名词,不能替换黏合式里的名词。例如:

新的房子——→新的木头的房子/新的一所房子

一所房子——→一所新的房子/一所木头房子

那所房子——→那所新的房子/那所刚盖的房子

我们(的)房子——→我们(的)那所房子/我们(的)新的房子

新房子——↛ *新木头的房子/*新一所房子/*新我的房子

木头房子——↛ *木头新的房子/*木头那所房子/*木头他的房子

七、关于指称和陈述的观点①

语言表达基本上取两种形态:指称形态(designation)和陈述形态(assertion)。指称就是所指,陈述就是所谓。指称形态反映在语法上,是体词性成分;反映在意义上是个名称。陈述形态反映在语法上,是谓词性成分;反映在意义上是个命题,或者说断言。例如:

---

① 本观点主要参看朱德熙《自指和转指:汉语名词化标记"的、者、所、之"的语法功能和语义功能》,载《方言》1983年第1期。

指称	陈述
战争	打仗
报告₁（写了一份～）	报告₂（～大家一个好消息）
我写的信	我写信
吃的	吃
长长的流水	流水长长的
狐狸的狡猾	狐狸狡猾
春天的到来	春天到来了
大学生	大学生了

我们运用语言进行交际，即我们说话写作时，就是交替重复运用这两种表达形态，以达到交流思想、进行思考的目的。

指称和陈述可以互相转化。指称形态转化为陈述形态的手段是：

（一）加动词性后加成分，例如：

钙⇒钙化

工业⇒工业化

大众⇒大众化

机械⇒机械化

（二）加"了"，例如：

大学生⇒大学生了

晴天⇒晴天了

南京⇒（已经）南京了

陈述形态转化为指称形态的手段是：

（一）加名词性后加成分，例如：

傻⇒傻子　　尖⇒尖子

甜⇒甜头　　吃⇒吃头

尖⇒尖儿　　卷⇒卷儿

(二)加结构助词"的""所""者",例如:

的:吃⇒吃的

　　种田⇒种田的

　　他写⇒他写的

　　叶子圆⇒叶子圆的

　　正在看⇒正在看的

　　洗干净⇒洗干净的

所:见⇒所见　　闻⇒所闻

　　问⇒所问　　答⇒所答

者:听⇒听者　　读⇒读者

　　学⇒学者　　知情⇒知情者

建立指称和陈述的观念不仅对语言的交际功能可以有更深刻的认识,而且对某些语法现象可以作出更好的说明。譬如说,现在国内外语法学界都谈论过句法成分的提取的问题。例如在英语里,that she stole 可以看成是从 She stole the diamond(她偷了钻石)里提取出来的宾语成分,如:

I have seen the diamond that she stole.

同样,that stole the diamond 可看成是从 She stole the diamond 里提取出来的主语成分,如:

I met the woman that stole the diamond.

同样,在汉语里,"我买的"可看成是从"我买苹果"一类句子里所提取出来的宾语成分;"买苹果的"可看成是从上面那类句子里所提取出来的主语成分。

从指称和陈述的观点看,所谓提取实质上就是从一种陈述形态转化为一种指称形态。

再譬如,上面曾谈到变换分析,那么变换有哪些类型呢?引进指称和陈述的观点,可把变换的类型扼要概括为以下两种类型:

（一）同类变换，即从一个陈述形态变换为另一个陈述形态，或者从一个指称形态变换为另一个指称形态。前者如：

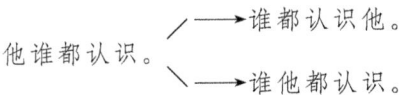

通过变换分化了"他谁都认识"这个歧义句。后者如：

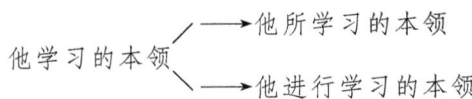

通过变换分化了"他学习的本领"这个有歧义的格式。

（二）异类变换，即从一个陈述形态变换为一个指称形态，或者从一个指称形态变换为一个陈述形态。前者如：

吃苹果——→吃的苹果
写信——→写的信
喝茶——→喝的茶
住厢房——→住的厢房
给书——→给的书
给他—//→*给的他
交老张—//→*交的老张
送学校—//→*送的学校

通过变换说明述宾结构内部存在着不同的类别。后者如：

木头的桌子——→桌子木头的
很干净的衣服——→衣服很干净的
长长的尾巴——→尾巴长长的
大眼睛——→眼睛大
木头桌子—//→*桌子木头
布衣服—//→*衣服布
橡皮图章—//→*图章橡皮

通过变换说明偏正结构内部存在着不同的类别。

八、关于自指和转指的观点[①]

"衣服"和"穿的"都是名词性的,都是指称,但二者不同:前者是直接用一个名词表示的,后者则是通过陈述形态转化来的一个名词性结构。

凡由陈述形态转化来的指称形态,又可细分为两种情况:一是转指(Transferred-designation),一是自指(Self-designation)。请先看例子:

(1) 教书的来了。

(2) 教书的时候要认真。

例(1)、(2)里都有"教书的",都表示指称,而且都是从陈述形态("教书",谓词性成分)通过加上结构助词"的"转化来的。但是二者不同。例(1)里的"教书的"不是指教书这种行为本身,而是指教书的人,即教员;例(2)里的"教书的"则是指教书这种行为本身。例(1)里的"教书的"是转指,例(2)里的"教书的"是自指。再如:

(3) 知者乐水,仁者乐山。(《论语·雍也》)

(4) 仁者人也……义者宜也。(《礼记·中庸》)

例(3)、(4)里都有"仁者",都表示指称,而且也都是从陈述形态("仁"是形容词)通过加上名词性标记"者"转化来的指称形态。但二者不同。例(3)里的"仁者"指有仁这种德性的人;例(4)里的"仁者"指仁这种德性本身。例(3)里的"仁者"是转指,例(4)里的"仁者"是自指。可见,自指和转指的区别在于,自指单纯是词性的转

[①] 本观点主要参看朱德熙《自指和转指:汉语名词化标记"的、者、所、之"的语法功能和语义功能》。

化——由谓词性转化为体词性，语义则保持不变；转指则不仅词性转化，语义也发生变化，由指行为动作或性质本身转化为指与行为动作或性质相关的事物。

运用自指和转指的观点，便可以更好地说清楚一些语法现象。例如表示名词化标记的"所"和"者"，其区别不仅在于"所"只能提取宾语，"者"只能提取主语，还在于"所"只有转指的功能，"者"则除具有转指功能外，还有自指的功能。再如现代汉语里作为名词化标记的"的"，过去大家讨论得很多，但是直到80年代建立了自指、转指的观念后，才对它有了新的认识："的"既有转指功能，又有自指功能。如前面讲到指称和陈述时曾举过这样一个有歧义的格式：

　　他学习的本领

这里的"的"既可以理解为有转指的功能，也可理解为有自指的功能。按前者理解，"他学习的本领"意思相当于"他所学习的本领"；按后者理解，"他学习的本领"意思相当于"他进行学习的本领"。

九、关于歧义指数的理论[①]

前面已提到，结构助词"的"是现代汉语里一种名词化的标记。一个动词性成分（包括由动词性成分作谓语的主谓结构）加上"的"就构成名词性成分。例如：

　　吃⇒吃的
　　穿过⇒穿过的
　　已经吃了⇒已经吃了的
　　写散文⇒写散文的

---

① 本理论详细参看朱德熙《"的"字结构和判断句》，载《中国语文》1978年第1期、第2期。

洗干净⇒洗干净的

他不喜欢⇒他不喜欢的

动词有"向"(亦称"价",valence)的区别。只能跟一个名词性成分发生必要联系的动词叫单向动词。例如"咳嗽",能跟它发生必要联系的只有它的施事成分,如"小张咳嗽了",所以"咳嗽"是单向动词。类似的动词如:

休息　游泳　安息　呻吟　打鼾

徘徊　失眠　发愣　颠儿　发呆

能够跟两个名词性成分发生必要联系的动词叫双向动词。例如"参观",能跟它发生必要联系的名词性成分可以有两个:施事成分和受事成分,如"我们参观了两个工厂",所以"参观"是双向动词。类似的动词如:

洗　做　看　有　订　治　修　炒

研究　学习　设计　打听　怀念

调查　等候　汇报　排除　培养

能够跟三个名词性成分发生必要联系的动词叫三向动词。例如"给",能跟它发生必要联系的名词性成分可以有三个:施事成分、受事成分和与事成分,如"我给他一本书",所以"给"是三向动词。类似的动词如:

送　借　还　赠　交　付　欠　分配

卖　买　偷　抢　推荐　移交　收

由于动词有"向"的区别,所以"动+的"指称的情况就不一样。为叙述方便起见,我们分别将单向动词、双向动词、三向动词记为 V^1、V^2、V^3。"V^1 的"可以指称 V^1 的施事,也只能指称施事,如"游泳的"指游泳的人(如"游泳的跟我来")。"V^1 的"没有歧义。"V^2 的"就既可指称施事,又可指称受事,如"喜欢的"既可指称喜欢某人某物的人(如"喜欢的举手"),也可指称所喜欢的人或东西

（如"你挑喜欢的"）。所以"V² 的"有歧义。"V³ 的"是一个有歧义的格式，这是不言而喻的了。

上一小节里曾说到，"的"既有转指的功能，也有自指的功能。"VP 的"可以表示转指，也可以表示自指。那么在什么情况下表示转指，什么情况下表示自指呢？如表示转指，在什么情况下有歧义，什么情况下没有歧义呢？

"VP 的"如处于非定语位置上（如处于主语、宾语或谓语位置上），那么都表示转指。例如：

吃的都买来了。
我买点儿吃的。
羊肉吃的。

上面例子里的"吃的"都表示转指。"VP 的"如处于定语位置上，就可能表示转指，也可能表示自指，而这首先取决于在"VP 的"的 VP 里，V 的"向"（用 N 表示）是否出现，出现几个。如果 V 的"向"全部在 VP 里出现了，一般就只能表示自指。[①] 例如：

NV^1 的：我游泳的时候
小张休息的地方
$N_1V^2N_2$ 的：他洗衣服的时候
小张修车的技术
他研究学问的方法
$N_1V^3N_3N_2$ 的：我给小张衣服的时候

上面例子里的"我游泳的""小张休息的""他洗衣服的""小张修车

---

① 有例外，有时可以指施事的领有者，例如：
(1) 儿子会游泳的。
(2) 妻子洗了衣服的。
(3) 父亲修车的。
例(1)可指父亲，例(2)可指丈夫，例(3)可指儿子或女儿。下同，不再另作说明。

的""他研究学问的"和"我给小张衣服的"都表示自指。如果V的"向"没有全部在VP里出现,这就可能转指,也可能自指,这又要看充任中心语的名词(用 N′ 表示)是不是 V 的一个向。如果是,表示转指;如果不是,表示自指。试比较:

甲、VP 的 N′	乙、VP 的 N′
游泳的人	游泳的技术
洗的衣服	洗的时候
参观展览会的群众	参观展览会的地方
给小张钱的人	给小张钱的那天

甲、乙两组里的"VP 的"相同。但是,甲组偏正结构里的中心语 N′ 都分别是 V 的一个"向"(如"游泳的人"里的"人"是"游泳"的施事,"洗的衣服"里的"衣服"是"洗"的受事),因此甲组的"VP 的"是转指;而乙组偏正结构里的中心语 N′ 都不属于 V 的"向"(如"游泳的技术"里的"技术"不属于"游泳"的"向","洗的时候"里的"时候"也不属于"洗"的"向"),因此乙组的"VP 的"是自指。

至于表示转指时,什么情况有歧义,什么情况下没有歧义,这又取决于"VP 的"的 VP 里,V 的"向"是否出现,出现几个。由单向动词 V^1 组成的"V^1 的"(如"游泳的""休息的")不会有歧义,只能指施事。由双向动词 V^2 组成的"V^2 的"(V^2 的"向"一个也没有出现,如"看的""洗的")就有歧义,可能指施事,可能指受事。如果出现一个"向",即"$N_1 V^2$ 的"(如"他看的""小张洗的")或"$V^2 N_2$ 的"(如"看电影的""洗被子的"),就没有歧义,只能或指受事,或指施事。由三向动词 V^3 组成的"V^3 的"(V^3 的"向"一个也没有出现,如"给的"),不言而喻,当然有歧义,可以指施事、受事或与事。如果只出现一个"向",也有歧义,例如"$N_1 V^3$ 的"(如"小张给的")可指受事,也可指与事;"$V^3 N_2$ 的"(如"给毛巾的")可指施事,可指与事;"$V^3 N_3$ 的"(如"给张三的")可指施事,可指受事。如果出现两个"向",即"$N_1V^3N_2$ 的"(如"我给毛巾的")、"$N_1V^3N_3$ 的"(如"我给张三的")或"$V^3N_3N_2$ 的"(如"给张三毛巾的"),就都没有歧义,只能或指与事,或指受事,或指施事。

以上所述我们可以用更概括的一些公式来说明。假定我们用 n 代表动词所具有的"向"的值(V^1 的值为 1,V^2 的值为 2,V^3 的值为 3),用 m 代表出现在 VP 中体现动词"向"的数目,把 n 和 m 的差记为 P,即 P=n−m,P 就代表了"VP 的"可能有的语义解释的数目。那么

"V^1 的":

∵ n=1

　m=0

　P=n−m=1−0=1

∴ "V^1 的"可以表示转指,无歧义,指称施事。

"NV^1 的":

∵ n=1

　m=1

　P=n−m=1−1=0

∴ "NV^1 的"只能表示自指。

"V^2 的":

∵ n=2

　m=0

　P=n−m=2−0=2

∴ "V^2 的"可以表示转指,有歧义,可以指施事,也可以指受事。

"N_1V^2 的"或"V^2N_2 的":

∵ n=2

　m=1

P＝n－m＝1

∴"N_1V^2 的"和"V^2N_2 的"都可表示转指，无歧义，前者只能指受事，后者只能指施事。

"$N_1V^2N_2$ 的"：

∵n＝2

　m＝2

　P＝n－m＝2－2＝0

∴"$N_1V^2N_2$ 的"只能表示自指。

"V^3 的"：

∵n＝3

　m＝0

　P＝n－m＝3－0＝3

∴"V^3 的"可以表示转指，有歧义，可以指施事、受事或与事。

"N_1V^3 的""V^3N_2 的""V^3N_3 的"：

∵n＝3

　m＝1

　P＝n－m＝3－1＝2

∴"N_1V^3 的""V^3N_2 的"和"V^3N_3 的"都可表示转指，有歧义，"N_1V^3 的"可以指受事或与事，"V^3N_2 的"可以指施事或与事，"V^3N_3 的"可以指施事或受事。

"$N_1V^3N_2$ 的""$N_1V^3N_3$ 的""$V^3N_2N_3$ 的"：

∵n＝3

　m＝2

　P＝n－m＝3－2＝1

∴"$N_1V^3N_2$ 的""$N_1V^3N_3$ 的"和"$V^3N_2N_3$ 的"都可以转指，无歧义，分别指与事、受事和施事。

"$N_1V^3N_2N_3$ 的"：

$$\because n = 3$$
$$m = 3$$
$$P = n - m = 3 - 3 = 0$$

∴ "$N_1 V^3 N_2 N_3$ 的"只能表示自指。

以上所述又可进一步概括为：

当 $P > 1$，其格式可以表示转指，有歧义。

当 $P = 1$，其格式可以表示转指，无歧义。

当 $P = 0$，其格式只能自指。

P 就是歧义指数。

以上介绍的就是关于歧义指数的理论。运用这种理论可以帮助我们对于"的"字，对于"的"字结构，对于由"的"字结构形成的判断句有更深入的认识。[①]

十、关于将横向的汉语方言之间的比较研究、纵向的古今汉语之间的比较研究与对标准语的研究相结合的理论方法[②]

"德·索绪尔区分共时的和历时的语言研究方法的学说，给本世纪的语言研究带来深刻的影响。这种影响有积极的方面，也有消极的方面。积极的方面人所共知，用不着说。消极的方面，指的是由这种学说导致的把对语言的历史研究和断代描写截然分开，看成是毫不相干的东西的倾向。""汉语研究自然也受到了这种思潮的影响。""就我国国内来说，研究现代汉语的人往往只研究普通话，不但不关心历史，把方言研究也看成隔行。画地为牢，不愿越

---

① 详见朱德熙《"的"字结构和判断句》。

② 本理论方法参看朱德熙《自指和转指：汉语名词化标记"的、者、所、之"的语法功能和语义功能》；《汉语方言里的两种反复问句》，载《中国语文》1985 年第 1 期。

雷池一步。"[①]80年代这种倾向开始有所改变。

这里还是要谈到"的"。关于"的",语法学界已研究得很多。现在提出一个新的问题,从提取句法成分的角度看,"VP 的"是提取主语,还是提取宾语?还是主语、宾语都能提取?对于这个问题,当然首先要从现代汉语里去寻找答案。

"VP 的"能提取主语是显而易见的。因为像"游泳""参观"等许多动词,其施事成分是绝对不可能出现在宾语位置上的,因此由这些动词加"的"形成的"VP 的"(如"游泳的""参观展览会的")只能理解为提取主语。"VP 的"能否提取宾语呢?也能。举一个明显的例子来说,"笑"和"哭"既是不及物动词(用"笑$_1$""哭$_1$"表示,如"他笑$_1$了""小孩儿哭$_1$了"),又是及物动词(用"笑$_2$""哭$_2$"表示,如"我笑$_2$你呢""他哭$_2$他爷爷")。作为及物动词,其受事成分只能在"笑$_2$""哭$_2$"后面的宾语位置上出现。因此,"我笑$_2$的""他哭$_2$的"只能看作提取宾语。

为了更好地说明上面所说的答案的正确性,我们不妨进一步从古汉语中寻找佐证。

在先秦汉语中,没有跟"的"功能相当的单词,"的"字的功能分别由"者"和"所"这两个名词化标记承担。"VP 者"可以表示自指,也可以表示转指。前者如:

> 秦攻梁者,是示天下要(腰)断山东之脊也。(《战国策·魏策四》)

后者如:

> 新浴者振其衣,新沐者弹其冠。(《荀子·不苟》)[指称施事]
> 治于人者食人,……(《孟子·滕文公上》)[指称受事]

[①] 朱德熙为桥本万太郎《语言地理类型学》(中译本,北京大学出版社,1985年,北京)所作的《序》。

当表示转指时,"者"只能提取主语。

"所VP"只能表示转指,例如:

鱼,我所欲也,熊掌,亦我所欲也。(《孟子·告子上》)[指称受事]

好臣其所教,而不好臣其所受教。(《孟子·公孙丑下》)[指称与事]

城者,所以自守也。(《墨子·七患》)[指称工具]

东西至日所出入。(《墨子·节用中》)[指称处所]

"所VP"表示转指时只能提取宾语。

显然,"VP者"和"所VP"在提取句子成分上正好形成互补,而它们所提取的范围跟现代汉语里"VP的"所提取的范围正好相当。以上所述可表示如下:

	提取主语	提取宾语
VP 者	+	—
所 VP	—	+
VP 的	+	+

从古汉语中"者"和"所"的提取功能可以更好地认识现代汉语中"的"的提取功能。这种将现代汉语的语法现象与古代汉语语法现象结合起来进行研究的方法,对现代汉语语法研究本身无疑是极为有益的。

再举个实例。请先看例句:

(1) 你去不去?

(2) 去不去由你决定。

例(1)、(2)里都有"去不去",在例(1)里"去不去"处于全句谓语位置上,整个句子是个反复问句。在例(2)里,"去不去"处于主语位置上,整个句子是个陈述句。这里值得思考的一个问题是,例(1)、

(2)里的"去不去"是一个东西,还是两个东西?单就普通话,或者说单就北京话本身回答不了这个问题,因为是同一个语法形式(都是联合结构)。这里有必要考察一下方言的情况和历史上的情况。

经考察,在方言里,反复问句有两种形式,一种是"VP 不 VP",例如:

你去不去?

他来没来?

你去也不?〔陕北清涧话〕

一种是"可 VP",例如:

耐阿晓得?(你知道不知道?)〔苏州话〕

你格认得?(你认得不认得?)〔昆明话〕

你克相信?(你相信不相信?)〔合肥话〕

"VP 不 VP"型反复问句在方言里分布很广,在北方官话,大部分西南官话、粤语、闽语以及大部分吴语里,反复问句都采用这种形式。"可 VP"型反复问句在方言里分布不广,现在了解到有以下一些点:吴语里的苏州话、无锡话、常熟话、昆山话;西南官话里的昆明话、通海话、个旧话、蒙自话、会泽话、曲靖话、大理话、思茅话、梁河话(均属云南省);下江官话的合肥话、蚌埠话、灵璧话、泗县话、五河话、嘉山①话、凤阳话、全椒话、芜湖话、贵池话、安庆话、东流话、六安话、霍邱话、临泉话、涡阳话、颍上话、阜阳话(以上属安徽省)、淮安话、盐城话、南京话(以上属江苏省)。②

值得注意的是,凡取"VP 不 VP"为反复问句形式的方言里,一般说来只有"VP 不 VP"一种格式。但是,凡取"可 VP"为反复问句形式的方言里,除了有"可 VP"格式外,还有"VP 不 VP"格

---

① "嘉山"即原嘉山县,1994 年 5 月 31 日撤销嘉山县,改设县级明光市。

② 各方点均引自朱德熙《汉语方言里的两种反复问句》,载《中国语文》1985 年第 1 期。

式,但二者功用不同:如果处于句子的谓语位置上形成反复问句,只用"可 VP"格式,例如(以苏州话、昆明话、合肥话为例):

苏州:耐阿晓得?(你知道不知道?)
耐阿要吃点茶?(你要不要喝点茶?)
俚阿是耐格兄弟?(他是不是你的弟弟?)

昆明:你格认得?(你认得不认得?)
你格说了?(你说没说?)
他格是你弟弟?(他是不是你弟弟?)

合肥:你克相信?(你相信不相信?)
你克吃炆蛋?(你吃不吃茶叶蛋?)
他克是你兄弟?(他是不是你弟弟?)

如果处在非句子谓语的位置上形成非疑问句则用"VP 不 VP"形式。例如:

苏州:去了勿去随便耐。(去不去随你。)
昆明:相信不相信没有得关系。(相信不相信没关系。)
合肥:去不去不要紧。(去不去没关系)

更值得注意的是上述对立情况在某些"VP 不 VP"型方言里也存在。例如陕北清涧话里,反复问句采用"VP 也不"形式,例如:

你明儿来也不?(你明天来不来?)
你说也不?(你说不说?)

可是处于非句子的谓语位置上形成非疑问句时采用"VP 不 VP"形式。例如:

说不说就这的回事了。(说不说就这么回事了。)
来不来你个人儿瞧的办。(来不来你自己瞧着办。)

以上方言事实提醒我们注意这样一点,普通话里"你去不去?"里的"去不去"跟"去不去由你。"里的"去不去"可能不是一个层面上的东西。

以上说的是现状,不妨再看看历史。

研究历史语法的人一般都承认,现在普通话里的反复问句是从选择问句来的,这种问句隋唐就有了。[①] 例如:

借问行人归不归?(隋,无名氏诗)

春草年年绿,王孙归不归?(王维《送别》)

宣城太守知不知? 一丈毯,千两丝。(白居易《红线毯》)

善惠却问僧众:"大雪山南面,有一梵志婆罗门僧,教学八万个徒弟,曾闻不闻?"四部僧众却道:"闻之。"(《敦煌变文集》819)

"VP 不 VP"处于主语位置上不形成反复问句的用法从何时开始的?是从什么格式发展来的?现尚不清楚,也未见有人探讨。目前我们所发现的一个例子是见于《元刊本古今杂剧三十种·马丹阳三度任风子》,现抄录于下:[②]

(云)他问我要休书,我问师父咱:与的是? 不与的是?(做见马科,云)有任嫂儿问弟子要休书,与的是? 不与的是?(等马云了,末做自退,云)师父道:与和不与,不由你那?

但有一点似可以肯定,"VP 不 VP"处句子的谓语的位置上形成反复问句,这跟"VP 不 VP"处于主语位置上形成非疑问句,这二者不是同步进行的。看来,从历史上看这二者也不是一个层面上的东西。

总之,从现代方言看,从历史情况看,"你去不去?"里的"去不去"跟"去不去由你。"里的"去不去"可能不是一个层面的东西。

---

① 参看梅祖麟《现代汉语选择问句法的来源》,载《历史语言研究所集刊》第 49 本第 1 分,1978 年,台北;太田辰夫《中国语历史文法》(中译本,蒋绍愚、徐昌华译),北京大学出版社,1987 年,北京。

② 这个例子是由中国社会科学院语言研究所刘坚先生提供的。

以上扼要介绍了 80 年代在现代汉语语法研究中提出的一些值得注意的理论、观点和方法。这些理论、观点、方法不是在空泛的议论中提出来的,都是在对现代汉语语法的实际研究中提出来的,有的是隐含在对具体语法现象的描写之中的。这些理论、观点和方法有些虽然还是不很成熟的,有需要进一步完善的地方(如歧义指数理论),但总起来说对普通语言学理论无疑是有贡献的。例如关于词的语法功能是划分词类最本质的依据的观点、关于在由实词和实词组合的句法结构中总是同时并存着两种不同的结构关系——语法结构关系和语义结构关系的观点、关于陈述和指称的观点、关于自指和转指的观点、关于将横向的方言语法之间的比较研究和纵向的古今语法之间的比较研究跟对现代标准语的研究结合起来的观点等,都带有普遍意义,适用于其他各种语言的语法研究。譬如自指和转指,就不仅适用于汉语,也适用于英语。英语里也有自指和转指之分。形容词 kind(仁慈)加上后缀 -ness,就转化为名词 kindness(仁慈),这就是由陈述形态转化为指称形态,然而这种指称是自指。类似的例子如:

陈述[动词]　　　　　指称[名词]
connect(连接)　　　connection(连接)
deduct(扣除)　　　 deduction(扣除)
demonstrate(示威)　demonstration(示威)

下面的例子则是另一种情况。read(读)是动词,加上后缀 -er 后,reader(读者)便转成名词,而且意义也发生变化,不再指动作本身了,而是指动作者了。这就是转指。下面是类似的例子:

陈述[动词]　　　　指称[名词]
write(写)　　　　 writer(作家)
build(建筑)　　　 builder(建筑师)
paint(画)　　　　 painter(画家)
visit(访问、参观)　visitor(访问者、参观者)

玖 结尾

对于 80 年代汉语语法研究,可以从不同的角度去加以总结。譬如有人从 80 年代语法研究有哪些突破的角度作了总结,不妨择要抄录于下,以备参考:①

……最近十年,在研究的广度和深度方面都已取得了一些可喜的突破。从历史发展的角度来看,这些突破主要体现在:

(一)在研究对象上,从以古汉语语法研究为主逐步重心移到以现代汉语语法为主,近期又以书面语语法为主开始移向以口语语法为主。

(二)在研究层次上,早期偏重于以语义研究代替句法研究,中期转向侧重结构形式研究而又忽视了语义研究,近期则强调结构形式与语义结合起来研究。

(三)在研究的性质上,早期注重规范性语法研究,中期转向以描写性语法研究为主,近期则在此基础上开始倾向于追求解释性语法的研究。

(四)在研究的理论上,早期是传统语法理论一统天下,中期结构主义语法理论成为主流派,近期则表现为多种语法理论,包括转换生成语法理论并存、互补、结合研究。

(五)在研究的领域上,已不仅只局限于语法本身作孤立

---

① 参看邵敬敏《论汉语语法学发展的历史趋势》,载《语言学通讯》1989 年第 1—2 期。

的研究,人们的视野开阔了,对那些边缘学科发生了浓厚的兴趣,从而形成语法学与修辞学、逻辑学、计算机科学乃至心理学、社会学、文化学的结合研究。

（六）在研究的深度上,早期重视语法体系的构拟,中期由于体系之争趋于缓和,转向加强语法专题研究,近期则试图从具体专题研究中总结出具有汉语特色的研究理论和方法来。

总结过去,都是为了未来。今后怎么办?

(一)语法、语义、语用结合研究是一个发展趋势。

就狭义的语法研究来说,所关心的问题无非就是切分、等同、归类、组合这一些问题。但是,语法研究的最终目的是要探求清楚形式和意义之间的对应关系——什么样的意义用什么样的形式来表达;反之,什么样的形式,可以表示什么样的意义。显然要实现上述目的,单纯作形式上的结构分析和静态描写是不够的,一定得考虑意义,同时也需要考虑语用。举个例子来说,(A)"拿来(了)一本书"可以说成(B)"拿(了)一本书来"。语言事实告诉我们,(A)和(B)里的许多实例并不是都可以互换的,请看:

```
    (A) V 来(了) NP        (B) V(了) NP 来
a. 拿来(了)一本书         拿(了)一本书来
   送来(了)两筐苹果        送(了)两筐苹果来
b. 跑来(了)两只狗         ——
   飘来(了)一股香味
   传来(了)三声枪响        ——
c.   ——                 开(了)个西瓜来
     ——                 炒(了)个木须肉来
     ——                 泡(了)壶开水来
```

什么情况下(A)和(B)可以互换,什么情况下不能? 为什么(a)组各例可以互换？为什么(b)组只能有(A)式,不能有(B)式？为什么(c)组只能有(B)式,不能有(A)式？要回答这些问题,对(A)、(B)分别作形式上的结构分析当然是必要的,但这是不够的,一定还要作语义分析,而对(A)、(B)在表达上的异同还需联系语境作语用上的说明。这就是说,要回答好上面的问题,需要对(A)、(B)这两个格式作语法、语义、语用的综合分析,这种综合分析体现了语法研究中形式和意义的结合。

语法、语义、语用三个平面结合研究的思想在1984年就提出来了,[1]而且也在这方面作了些具体的尝试。[2] 但是真要做起来并不那么容易,所以真正贯彻结合的成果并不多见。原因之一就在于其中有许多问题尚不清楚。

对于语法结构的形式分析,应该说美国描写语言学已经为我们提供了一套有效的理论和方法,而语义和语用方面的分析至今还缺乏有效的理论和方法,甚至有些概念至今还不清楚。譬如说,语法研究中要涉及的意义有哪些方面？从以往的论著看,提到过以下几方面的意义：

词汇意义；

语法意义；

语气意义；

语用意义；

语境意义。

这些意义与语法研究的关系具体如何？我们研究某个具体问题时,具体该怎么考虑意义？现在一下子还说不清楚。问题的复杂

---

[1] 参看文炼、胡附《汉语语序研究中的几个问题》,载《中国语文》1984年第3期。
[2] 参看陆俭明《关于"去+VP"和"VP+去"句式》,载《语言教学与研究》1985年第4期。

还在于意义含有多层面性。例如同为语法意义,还有不同层面的语法意义:

词类所赋予的语法意义;

某些特殊词语,如虚词所表示的语法意义;

某种句式所表示的语法意义;

某种语法结构关系所表示的语法意义;

某种语义结构关系所表示的语法意义;

某种语法位置所表示的语法意义。

在具体研究中怎么考虑这种种不同层面的语法意义?这些不同层面的语法意义之间是否存在着某种联系?现在也说不清楚。

再拿上文提到的语义特征来说,也有许多不好办的和不清楚的地方。某些词的语义特征都是结合具体句式概括得到的。有时,对出现在某句式里的某个语法位置上的许多个词所具有的语义特征比较容易抓住,容易概括出来,如上文伍里所举的例子。再如,现代汉语里有一种"NP 了"句式(NP 代表名词性成分),例如:

大姑娘了

老大不小的人了

大干部了

春天了

大学生了

能出现在这个句式里的名词所具有的语义特征也比较容易概括,都具有[+推移性]的语义特征。[①] 可是有时就不那么容易概括。请先看例句:

甲	乙
把马刷刷	*把马骑骑

---

① 参看邢福义《说"NP 了"句式》,载《语文研究》1984 年第 3 期。

把衣服洗洗	*把衣服买买
把面包烤烤	*把面包吃吃
把报纸念念	*把报纸借借
把酒热热	*把酒喝喝
把被子晒晒	*把被子卖卖
把白薯煮煮	*把白薯运运
把车锁修修	*把车锁拆拆
把作业收收	*把作业交交
把文章看看	*把文章写写
把牲口喂喂	*把牲口放放
把桌子挪挪	*把桌子送送
把裤子熨熨	*把裤子穿穿
把黑板擦擦	*把黑板抬抬

甲、乙格式相同,都是"把+N+V_v"(N代表名词,V_v代表动词重叠式),但甲组能说,乙组不能说。由于N是相同的,所以能说不能说的原因只能到V_v上去找。可是我们就很难说得出甲组里的V_v有什么共同的语义特征,也说不出乙组里的V_v具有什么样的共同的语义特征。另外,细心的读者可能会注意到,我们在上文伍里只分析了[A]式(如"台上坐着主席团")里的动词V_a的语义特征([+附着]),却没有正面分析说明[B]式(如"台上演着梆子戏")里的动词V_b具有什么样的语义特征。这不是写作上的疏忽,而是我们难以概括出V_b的语义特征,所以就没有说了。总之,概括词的语义特征很难。怎么更好地概括词的语义特征,现在还没有一套好办法。再有,词的语义特征必须结合具体的句式才能概括得到,这就意味着某句式里的某一语法位置上的词所具有的语义特征对该句式起着制约作用。那么一种句式是否只受某一位置上的词的语义特征的制约呢?某些词所具备的语义特征是否

只制约某一种句式呢？这在目前也都还不清楚。

至于语用研究,在我国更是刚刚起步,尚未清楚研究的门径,更不用说怎么跟语法、语义结合研究了。在跟语法研究相关联的语用研究方面,看来首先要在同义句式的比较研究上下功夫。例如下面是一组同义格式：

    a. 拿出来一本书(V 出来 NP)

    b. 拿一本书出来(V NP 出来)

    c. 拿出一本书来(V 出 NP 来)

    d. 那本书拿出来(NP V 出来)

    e. 把那本书拿出来(把 NP V 出来)

    f. 那本书给拿出来了(NP 给 V 出来了)

就目前的语法研究的水平说,要说清楚这六个格式各自内部的构造情况和内部语义结构关系,都不难办到,难的是要说清楚它们在意义上的异同。这还是一个比较简单的例子,比这复杂的还多的是。总之,从语用的角度看,我们一定需要在同义句式的比较研究上下功夫。其次要加强对每种句式出现的"语义背景"[①]的研究。所谓语义背景是指言谈交际的时间、地点、场合、说话人和听话人所处的地位、立场、处境以及使用语言的目的等各种语境因素。我们知道,言谈交际中任何一个句子所表达的意义都是跟一定的语境紧密联系的,因为作为言谈交际中的一个句子(即作为"言语的句子"),它所传递的信息实际上由两部分内容组成,一是作为"语言的句子"本身所具有的理性意义,一是语境所赋予的意义。因此,作为言谈交际中的一个句子,它在一定交际中能传递什么样的信息,总是受到上下文语境的制约。上下文语境是千差万别的,因此作为言谈交际中的一个句子在不同的交际环境中出现时所传递

---

① 见马真《说"反而"》,载《中国语文》1983 年第 3 期。

的信息也就各不相同。例如："都七点了！"它作为一个"语言的句子"，大家对它的理解会是一致的："现在已经七点钟了"；作为一个"言语的句子"，它在不同的交际场合中所传递的信息将会各不相同：在有的语境中，它可能表示催促人快起床；在有的语境中，它可能表示催促人快上班或快上学去；在有的语境中，它可能表示催促快开饭；在有的语境中，它可能表示埋怨会议开得太长，催促会议主持者快宣布散会；在有的语境中，它又可能表示埋怨影剧院未按时放映电影或开演，而催促其赶快开映或开演；等等。上面说的是同一句话在不同语境中可能表示不同的意思。至于同义句式中各个不同的句式，它们各自出现的语义背景一般是各不相同的，因此对于同义句式中各个不同句式，例如对于前面所举的a—f各同义句式，我们不仅要准确描写说明它们各自表示的不同的理性意义，还必须准确说明它们各自出现的不同的语义背景。上述两方面的工作都做好了，才有可能真正有效地实现语法、语义、语用三方面研究的很好的结合。

至于形式的问题，也不是都清楚了。譬如说至今我们还没找到主谓结构的形式标志。[①] 述宾结构、述补结构、"状—中"偏正结构、"定—中"偏正结构、联合结构等，它们的形式标志各是什么？至今也未有人作过认真的研究。而弄清楚各种句法结构的形式标志，对我们汉语语法研究是很有用的。

（二）将横向的汉语方言之间的比较研究、纵向的古今汉语之间的比较研究与对标准语的研究结合起来是又一个发展趋势。

80年代在这方面已经有了一个可喜的开始（见上文捌·十），但这仅仅是个开始。在90年代要在这方面做出更可喜的成果来，需要作进一步的努力。

---

① 参看陆俭明《周遍性主语句及其他》，载《中国语文》1986年第3期。

就目前来说,首先要有这种"结合"的意识。举例来说,在普通话里"和""或""还是"都是表示联合关系的连词,但有区别:[①]"和"表示所并列的几项都包括在内,项与项之间是加合关系;"或""还是"则表示在并列的几项中选择一项,项与项之间是选择关系。试比较:

我去上海和广州。[两个地方都去]

我去上海或广州。[只去其中一个地方]

我去上海还是广州?[在问话人心目中"我"只去其中一个地方]

"或"与"还是"虽都表示选择关系,但用法上又有区别:"还是"带疑问语气,一般用于疑问句;"或"则不能用于疑问句,只能用于陈述句。试比较:

今天晚上我们看电影还是看京戏?[选择问句]

今天晚上我们或看电影,或看京戏。[陈述句]

"和""或""还是"的区分是明显而又清楚的。但是我们看到,它们却都可以在"不管/不论/无论……"语境中出现,例如:

不管刮风和/或/还是下雨,他都坚持锻炼。

这一次不论北方和/或/还是南方都下了较大的雪。

无论是大汉族主义和/或/还是地方民族主义都不利于各族
人民的团结。

这是一个很值得注意的现象。为了能说清楚这个现象,就应该有意识地考虑到:方言里的情况怎么样?近代汉语的情况怎么样?从什么时候开始出现这种现象的?并去努力探求。

其次要做好"吸收"的工作。从事现代汉语语法研究的人要随时关注和吸收方言语法研究和古代汉语、近代汉语语法研究方面的成果;当然从更长远的观点看,更需要不断提高现代汉语研究队伍的素质。从事现代汉语语法研究的人应在方言学、古代汉语和

---

① 参看马真《简明实用汉语语法》第九讲·五,北京大学出版社,1988年。

汉语史方面有较好的基础,具备一定的进行方言调查、从事方言语法和近代汉语、古代汉语语法研究的能力。我们看到朱德熙先生就很善于吸取方言研究和汉语史研究方面的研究成果,同时自己在这两方面下了功夫,从而写出了《自指和转指:汉语名词化标记"的、者、所、之"的语法功能和语义功能》《汉语方言里的两种反复问句》这样的好文章,取得了可喜的成果。刘勋宁对现代普通话里的语气词"了"的研究也是这样做的。[①] 他考察、研究了陕北清涧话(他的家乡话)和多个晋方言点里有关相当于普通话里的语气词"了"的方言语料,同时翻检了大量近代汉语文献资料,特别是全面调查分析了南唐作品《祖堂集》里所有"了"的用法,并将这两方面的材料从语音和语法两方面与现代普通话里的语气词"了"进行比较分析,最后得出结论:现代汉语普通话里的语气词"了"来源于近代汉语的"VP 了也"句式,即由近代汉语的"了也"并合而成为现代汉语语气词"了",从而较好地说明了现代汉语普通话里语气词"了"的语法意义(表示申述事实[②])。

(三) 80 年代语法研究形成了一些好的风气和传统,这表现在:

(1) 对国外的语言学理论和方法既不一概排斥,也不全部照搬,而是根据汉语语法研究的需要,坚持多元论,坚持为我所用,有选择地加以吸收消化、变通活用。

(2) 坚持加强用例的调查,坚持对语言事实进行具体、深入的挖掘,同时注意理论上的探索。

(3) 注意从形式和意义的结合上去描写语言事实,说明问题。

(4) 同仁之间,老中青之间通过会议、沙龙、通信、公开出版物进行坦诚、平等、友善的切磋商讨。

---

① 详见刘勋宁《现代汉语句尾"了"的来源》,载《方言》1985 年第 2 期。
② 参看刘勋宁《现代汉语语气词"了"的语法意义》,载《世界汉语教育》1989 年第 4 期。

90年代无疑应继承和发扬这些作风和传统,把现代汉语语法研究更向前推进一大步。

(四)当今,随着人类社会逐步进入信息时代,语言学越来越受到现代科学的影响,同时也越来越受到现代科学的重视。现在,语言学正逐渐发展成为多边缘交叉性学科,在以往的只研究人与人之间的信息交流、旨在为语文服务的传统语言学的基础上,正在发展出研究人与计算机之间的信息交流、旨在为现代科技服务的工程语言学。目前,中文信息处理迅猛发展,迫切需要汉语研究的支持。语法研究在整个汉语研究中可算得上是最活跃、思想最解放、成果也最显著的一个分支,即使这样,也还远远不能适应中文信息处理的需求。在这样的形势下,语法研究也需要现代化,需要从传统的手工作业的方式中逐步解脱出来,充分利用现代科技能力,利用计算机为语法研究服务,用计算机搜集资料,用计算机分析、统计、分类。我们热切地期待着将来当90年代告别我们的时候,在计算机为语法研究服务方面和语法研究为计算机服务方面都能见到可喜的丰硕成果。

(五)80年代开始,有人从文化学的角度对汉语语法进行了新的探讨,发表了一些论著,[①]引起了人们的兴趣。这是一条新路子。但鉴于这种研究至今还处于初始阶段,尚未形成一定的理论和方法,加之我本人在这一方面可以说尚未"进入情况",所以对这方面的研究在这本小册子里未作任何介绍。我们期待着有志于从事这方面研究的学者同仁在90年代做出实际的成绩来。

1990.2.12. 于北大中关园

---

① 参看申小龙《中国语言的结构与人文精神》(论文集),光明日报出版社,1988年,北京;《中国句型文化》,东北师范大学出版社,1988年,长春。

参考文献

常　理:《汉语语法研究观念的嬗变和走向》,载《语文导报》1987年第5期。
龚千炎:《中国语法学史稿》,语文出版社,1987年,北京。
李临定:《我国三十年来的语法研究》,见《现代汉语语法研究的现状和回顾》,语文出版社,1987年,北京。
林玉山:《汉语语法学史》,湖南教育出版社,1983年,长沙。
林裕文:《回顾与展望》,载《中国语文》1982年第4期。
陆俭明:《十多年来现代汉语研究管见》,载《语言教学与研究》1989年第2期。
陆俭明:《十年来现代汉语语法研究的理论和方法管见》,载《国外语言学》1989年第2期。
吕必松:《现代汉语语法学史话》,载《语言教学与研究》1980年第2、3期,1981年第1期。
吕叔湘:《汉语语法分析问题》,商务印书馆,1979年,北京。
吕叔湘:《把我国语言科学推向前进》,载《中国语文》1981年第1期。
马松亭:《汉语语法学史》,安徽教育出版社,1986年,合肥。
邵敬敏:《汉语语法研究现状说略》,见《现代汉语语法研究的现状和回顾》。
邵敬敏:《80年代副词研究的新突破》,载《语文导报》1987年第2、3期。
邵敬敏:《论汉语语法学发展的历史趋势》,载《语言学通讯》1989年第1—2期。
史有为:《新时期中国语言学的对应》,载《汉语学习》1989年第2期。
孙玄常:《汉语语法学简史》,安徽教育出版社,1983年,合肥。
王玲玲:《现代汉语格关系研究述评》,载《汉语学习》1989年第5期。
王维成:《"同义结构"研究的新进展》,载《语文导报》1987年第1期。

王维贤:《现代汉语的句法结构、语义结构和语用结构》,载《语文导报》1987年第7、8期。

文　炼:《我对40年来现代汉语语法研究的一些看法》,载《语文建设》1989年第1期。

文炼、胡附:《汉语语序研究中的几个问题》,载《中国语文》1984年第3期。

晓　珑:《汉语语序研究述评》,载《语文导报》1986年第9期。

徐通锵:《语言研究的发展和五年来的〈语文研究〉》,载《中国语文》1985年第6期。

徐通锵、叶蜚声:《"五四"以来汉语语法研究评述》,载《中国语文》1979年第3期。

于根元:《在探索中前进》,见龚千炎《中国语法学史稿》"附录",语文出版社,1987年,北京。

《中国语文》编辑部:《汉语研究四十年》,载《中国语文》1989年第5期。

朱德熙:《语法分析和语法体系》,载《中国语文》1982年第1期。

朱德熙:《语法答问》,商务印书馆,1985年,北京。

朱德熙:《变换分析中的平行性原则》,载《中国语文》1986年第2期。

朱一之、王正刚:《现代汉语语法研究的现状和回顾》(选编论文集),语文出版社,1987年,北京。

后　　记

　　1988年12月1日,我应《国外语言学》编辑部的邀请,在"第二届《国外语言学》编辑工作研讨会"上作了题为"现代汉语研究现状"的专题演讲。之后,根据编辑部的要求,将演讲中关于现代汉语语法研究领域里的理论和方法这一部分以"十年来现代汉语语法研究的理论和方法管见"为题在《国外语言学》1989年第2期上发表。文章发表后,陆续收到好几位同仁和读者的来电和来信,希望我在文章的基础上扩充成书。这对我当然是一种鼓励。但我很犹豫,一则是觉得自己的水平有限,怕写不好;二则是想到,写出来后能有地方出版吗?于是我跟商务印书馆的张万起同志通了个电话,谈了这件事和我的顾虑。没想到他说得很干脆:你写吧,写完了拿来。这对我来说无疑是一个极大的支持,也打消了我的思想顾虑。于是我用了一个寒假20天的时间写成了这个小册子。我所以要啰啰唆唆说上面这些话,只是想说明这个小册子能跟大家见面,应该感谢商务印书馆的支持,应该感谢同仁、读者的鼓励。

　　稿成后,北京大学中文系语言理论教研室叶蜚声教授和商务印书馆张万起同志审读了全稿,提出了宝贵的意见,叶蜚声教授还给写了《序》,在此一并深表谢意。

　　在写作过程中,参考了一些综论性的文章,限于篇幅,不一一指明了,谨在此致谢。

　　由于我研究水平、理论修养不高,对这十年来出版、发表的论著看得不全,因此所谈难免有该说的没有说,不该说的说了,以偏概全,甚至说不到点子上去等种种毛病,希望大家多多批评指正。